플레이스
@도쿄

플레이스@도쿄

2017년 12월 20일 초판 1쇄 펴냄
2018년 02월 28일 초판 2쇄 펴냄

지은이	닛케이아키텍처
옮긴이	이진아
발행인	김산환
책임편집	송유선
디자인	이아란
일본어판 디자인	가토 료코(Sidekick)
영업 마케팅	정용범
펴낸곳	꿈의지도
출력	태산아이
인쇄	다라니
종이	월드페이퍼
주소	경기도 파주시 광인사길 217, 3층
전화	070-7535-9416
팩스	031-955-1530
홈페이지	www.dreammap.co.kr
출판등록	2009년 10월 12일 제82호

979-11-87496-62-5-13980

KENCHIKU ANNAI @ TOKYO by Nikkei Architecture.
Copyright ⓒ 2016 by Nikkei Business Publications, Inc. All rights reserved.
Originally published in Japan by Nikkei Business Publications, Inc.
Korean translation rights arranged with Nikke Business Publications, Inc. through Danny Hong Agency.
이 책의 한국어판 번역권은 대니홍 에이전시를 통한 저작권사와의 독점 계약으로 꿈의지도에 있습니다.
저작권법에 의해 한국 내에서 보호를 받는 저작물이므로 무단전재와 복제를 금합니다.

※ 이 책에 게재된 사진은 개업 또는 개설 당시에 찍은 것이 포함되어 있어 외장 및 내장, 진열 상태, 임차인 등의 일부가 현재와는 다를 수가 있습니다. 게재 내용 또한 일본어판의 출판 시점(2016년 11월)을 기준으로 하기 때문에 현재와 다를 수 있습니다.

이 책의 판권은 지은이와 꿈의지도에 있습니다.
지은이와 꿈의지도 허락 없이는 어떠한 형태로도 이 책의 전부, 또는 일부를 이용할 수 없습니다.
※ 잘못된 책은 바꾸어 드립니다.

플레이스
@도쿄

닛케이아키텍처 지음 | 이진아 옮김

수준 높은 도쿄의 일상을
누려볼 수 있는 특별한 공간 96

TOKYO PUBLIC PLACE GUIDE

꿈의지도

introduction

머리말

이 책은 유명한 건축·인테리어 가이드북이 아닙니다. 고전적인 건축물 애호가를 위한 서적과도 거리가 멀어요. (물론, 굳이 그런 책으로 읽어주시겠다면 그것도 괜찮아요.)

다만 이 책에서 추천하는 도쿄의 특별한 장소를 방문하면, 그곳에서 자신만의 멋진 시간을 보내보시기를 바라요. 그 장소에서만 가능한 서비스를 받고, 같은 공간에 함께 있는 사람들, 주위를 오가는 사람들을 바라보며 '지금의 도쿄'를 느껴보시기를.

특히 지역주민과 관광객 모두에게 사랑받는 장소를 찾아가 그럴듯한 '도쿄의 일상'을 맛보세요. 이 책은 의미 있고, 수준 높은 도쿄의 일상을 누려볼 수 있는 특별한 장소 96곳을 가려 뽑은 책입니다. 건축, 인테리어, 공원 등의 구별은 하지 않고 다루었어요.

마음에 꼭 드는 장소가 있다면 그곳으로 직접 발걸음을 옮겨보세요. 멋진 장소에서 한 번쯤은 나를 위해 돈을 써보는 것도 나쁘지 않아요. 그 장소를 운영하는 사람에게 감사의 인사말을 전해보는 것도 좋겠어요. 그렇게 도시에서 생활하는 사람과 여행자를 위한 도쿄의 핫 플레이스가 유지되고, 또 새롭게 태어날 거예요.

이 책에 실은 곳 외에도 도쿄에는 매력 넘치는 장소들이 아주 많습니다. 그런 게 바로 도쿄지요.

이 책을 다 읽은 후, 도쿄의 다양한 매력에 흠뻑 빠져 당신만이 느끼는 도쿄의 이미지를 멋지게 그려낼 수 있기를 바랍니다.

How to use this book

이 책을 보는 법

- 이 책에 수록된 내용은 건축잡지 《닛케이 아키텍처》에 게재된 정보를 발췌·재구성하거나 새롭게 취재한 것으로 이루어져 있습니다.
- 개업 시기·개설 시기의 사진을 포함하고 있기 때문에 외부나 내부, 진열, 구성 등 일부가 현재와 다른 경우가 있습니다.

• 정보

address 주소. '도쿄도'는 생략
opened 개업 연도·개설 연도
design 설계자
architecture는 건설 설계, **interior**는 내장 설계. 아키텍처에는 내장까지 포함되는 경우가 있고, 인테리어에는 외장(파사드)까지 포함되는 경우가 있습니다. 또한 시설 내용에 따라 감수자나 설계 협력자를 기록하기도 하였습니다.
operation 운영자

• 체크 박스

Landmark 랜드마크(구역에서 눈에 띄는 곳, 기억의 단서)가 되는 장소. 주로 대규모 건축물이지만, 예외도 있습니다.
Plaza·Atrium 광장이나 아트리움이 있는 장소 혹은 그와 관련된 장소. 공원 같은 공공시설도 포함됩니다.
Anchor 구역의 매력을 이끄는 '포인트'가 되는 장소. 주로 '개인 가게'를 대상으로 합니다.
Eat·Drink 일정 이상의 음식 섭취가 가능한 장소
Appreciate 예술·문화에 관한 감상 기능이 있는 장소
Stay 숙박 기능이 있는 장소

contents

머리말	006
이 책을 보는 법	007
이 책의 포인트	012
도쿄 전도	014

[야네센 · 북부]

HAGISO	018
hanare	020
카야바 커피	022
우에노사쿠라기 아타리	024
도덴 테이블 오쓰카	026
cafe&bar totoru	028
미나미이케부쿠로 공원	030
도시마 에코뮤제 타운	032
아부쿠리	034
BOOK AND BED TOKYO	036
시나토잇페이	038

[동부 · 리버사이드]

아사쿠사 문화관광센터	042
BUNKA HOSTEL TOKYO	044
Ashi Teishoku&Diner	046
Riverside Cafe Cielo y Rio	048
팩토리&카페 구라마에	050
료고쿠 테라스	052
LA SORE SEED FOOD RELATION RESTAURANT	054
에코인 염불당	056
IRORI HOSTEL and KITCHEN	058
gift_lab GARAGE Lounge&Exhibit	060

블루 보틀 커피 기요스미시라카와 로스터리&카페	062
fukadaso cafe	064
- 동부·리버사이드 지도	066

[동부 중앙]

도쿄 스테이션 시티	070
STAND T	072
SO TIRED	072
HENRY GOOD SEVEN	073
라이무라이토	073
미쓰비시 이치고칸 미술관 / 마루노우치 파크 빌딩	074
KITTE / JP타워	076
오테마치노모리	078
호시노야 도쿄	080
히비야화단 히비야공원점(플라워숍H)	082
도큐 플라자 긴자	084
METoA Ginza	086
THE APOLLO	088
Agnès B Rue du Jour	090
SHISEIDO THE GINZA	092
GINZA KABUKIZA	094
니혼바시 이치노이치노이치	096
COREDO 니혼바시 아넥스 광장	098
2k540 AKI-OKA ARTISAN	100
3331 Arts Chiyoda	102
마치 에큐트 간다만세이바시	104
Cawaii Bread&Coffee	106
WISE OWL HOSTELS TOKYO	108
- 동부 중앙 지도	110

[서부 중앙]

la kagu	114
도쿄 가든테라스 기오이초	116
도라노몬 힐즈	118
안다즈 도쿄	120
connel coffee	122
No.4	124
Pirouette	124
호텔&레지던스 롯폰기	125
도쿄 미드타운	126
21_21 DESIGN SIGHT	126
롯폰기 힐즈	127
국립신미술관	127
RISE&WIN Brewing Co. KAMIKATZ TAPROOM	128
IRVING PLACE	130
THE TENDER HOUSE	132

[서부 · 도심]

CASCADE HARAJUKU	136
도큐 플라자 오모테산도 하라주쿠	138
CITRON Aoyama	140
Sunny Hills at Minami-Aoyam	142
INTERSECT BY LEXUS-TOKYO	144
CITYSHOP	146
네즈 미술관	148
TAKEO KIKICHI 시부야 메이지도리 본점	150
Ao	150
I·K·U 아오야마 / 스노우 피크 글램핑	151
THE ROASTERY	152
SMOKEHOUSE	152
CICADA	153
Glorious Chain Café / DIESEL SHIBUYA	154
THE THEATRE TABLE	156
cafe 1886 at Bosch	158

WIRED TOKYO 1999(SHELF67)	160
FabCafe Tokyo	162
Tas Yard	164
SILKREAM	166
BE A GOOD NEIGHBOR COFFEE KIOSK	166
아쓰코바루	167
요요기 빌리지 by 쿠르쿠	168
BISTRO CAFE LADIES&GENTLEMEN	170
NEWoMan / 신주쿠 미라이나 타워	172
GARDEN HOUSE Shinjuku	174
SALON BUTCHER&BEER	176
IMANO TOKYO HOSTEL	178
신주쿠 토호빌딩	180
– 서부 · 도심 지도	182

[서부 · 근교]

다이칸야마 츠타야 서점	186
WEEKEND GARAGE TOKYO	188
Bird 다이칸야마	188
로그 로드 다이칸야마	189
ONIBUS COFFEE 나카메구로	190
Stall Restaurant For Catering and Gathering	192
PRETTY THINGS	194
Bowery Kitchen	196
also Soup Stock Tokyo	198
후타코타마가와 츠타야 가전	200
후타코타마가와 라이즈	202

[남부 · 워터프런트]

도쿄국제(하네다)공항 제2여객 터미널빌딩	206
T. Y. HARBOR	208
TABLOID	210

이 책의 포인트

_ 디자인 design 과 오퍼레이션 operation 의 사이클

이 책에서 안내하는 '장소'는 설계나 계획-즉 디자인(design)을 한 사람 혹은 회사가 존재하고, 또 설계된 것을 운영하거나 계획된 것을 실행하는-한마디로 운영(오퍼레이션 operation)을 한 사람 혹은 회사가 있다는 것을 전제로 합니다. 자연스럽게 만들어진 환경을 제외하면, 어떤 장소라도 이러한 사람들이 큰 역할을 해내고 있으니까요. 그러나 그들은 늘 보이지 않는 곳에서 일하고 있어 겉에서는 알 수 없고 드러나지도 않습니다. 따라서 이 책에서는 각각의 장소에서 누가, 어떤 회사가 디자인과 운영을 담당하는지, 그 이름을 함께 표기하려고 합니다.

건물 디자인과 건물 운영은 하나의 사이클을 이루며 돌아갑니다. 아무리 아름답고 멋지게 디자인된 장소라고 해도, 이용하면서 운영에 노력을 게을리 한다면 활기찬 장소가 되지 못할 테니까요. 또한 머물기 편안한 장소도 되지 못하겠지요. 게다가 그곳에서 업무며 상업을 지속적으로 하려 한다면, 운영과 관리의 역할 비중이 높아지는 것 역시 당연합니다. 현재의 경제·사회적 상황을 보면 운영과 관리의 역할이 오히려 업무의 최전선에 있는 것이 사실입니다. 이 책에서는 건축 디자이너가 스스로 경영이나 운영에 관여한 가게, 기획·설계와 운영을 한꺼번에 맡은 회사가 업태를 개발한 가게 등을 적극적으로 소개합니다.

_ 도쿄 플레이스의 생태계

건축의 디자인과 운영은 한 번의 결합으로 끝나는 것이 아닙니다. 건전하게 지속적으로 서로 맞물려 돌아가야 합니다. 그래야 주목받는 핫 플레이스가 될 수 있으며, 주변 지역까지 비즈니스로써 경쟁과 협조가 만들어집니다. 가까이에 강한 경쟁 상대(독점적인 핫 플레이스)가 있다면, 어떤 가게는 살아남을 수 없을지도 모릅니다. 반면 그렇다고 어떤 가게가 경쟁 상대 없이 고립되어 있다면, 그 역시 오래 살아남지 못할 가능성이 있습니다. 이러한 점은 생물의 생태계와 다르지 않습니다. 당신이 지금 '거리'로 나간다면, 이런 핫 플레이스의 운영이나 상업 사이클이 어떻게 돌아가고 서로 연계하고 있는지 그 모습(생태계: ecosystem)을 눈여겨보세요. 이 책에서 언급한 장소들을 보면, 도쿄는 비즈니스 생태계가 가장 활발하게 응축된 도시임에 틀림없습니다.

에코시스템의 관점에서 지역의 번영을 생각했을 때 확실한 점은 디자인과 오퍼레이션에 관여한 사람이나 회사, 그리고 그들에게 일을 맡기는 사업자(부동산 소유주, 토지개발자, 지자체 등)가 퍼블릭 마인드, 즉 '공공'에 공헌하는 정신으로 새로운 장소를 만들어내려는 시도를 하고, 공공에 대한 책임감을 가져야 한다는 것입니다. 이런 정신이 부족하다면 지역 주민들의 마음은 결국 떠나고 맙니다. 그곳을 찾는 사람들을 매료시키기도 어려울 테고요. 도시 간 경쟁, 지역 간 경쟁이 더욱 치열해지는 가운데, 이러한 퍼블릭 마인드가 결정적인 역할을 하게 될 것입니다. 이 책에서는 공공의식을 발휘하고 있는 장소(사람·회사)를 크게 다루고 있습니다.

_ 지역과 공공장소

경제·경영면에서 생태계 안에 속해 있다는 점, 비즈니스와 공공의식을 빼놓을 수 없다는 점, 도시 간 경쟁이나 지역 간 경쟁을 결정하는 부분이 있다는 점을 생각해보면, 디자인과 오퍼레이션의 사이클에 의해 만들어지는 '어떤 장소'는 아주 특별한 역할을 한다는 것을 알 수 있습니다. 이때 하나의 막연한 거리 이미지에서 끝내지 않고 일정 범위의 '지역'으로 나누어 볼 필요가 있습니다. 지역 프로듀스나 지역 매니지먼트, 지역 브랜딩 같은 한 단계 더 확장된 범위 안에도 디자인과 오퍼레이션의 사이클이 있습니다. 이 책에서는 그러한 지향점이 명확하게 드러난 곳도 많이 다루었습니다.

각 장소에 존재하는 디자인과 오퍼레이션의 사이클, 그리고 지역 단위의 디자인과 오퍼레이션의 사이클. 이것들을 연계하여 커다란 소용돌이로 만들 열쇠가 되는 것이 열린 자세, 즉 공공의식입니다. 그러한 의식으로 도시에 만들어진 장소를 '공공장소'라고 부르면 되겠지요. 카페&레스토랑 혹은 술집, 상업시설 안에 있는 광장 혹은 도시공원, 호텔이나 호스텔 등까지도 모두 그런 역할을 맡고 있습니다. 이 책을 '도쿄 퍼블릭 플레이스 가이드'라고 부르는 까닭도 바로 그 때문입니다. 이 책의 독자 여러분 또한 도쿄의 퍼블릭 플레이스를 움직이는 중요한 일원임을 잊지 마세요.

BOOK AND BED TOKYO P36

미나미이케부쿠로 공원 P30

시나토잇페이 P38

도덴 테이블 오쓰카 P26

도시마 에코뮤제 타운 P32

아부쿠리 P34

café & bar tot

la kagu P114

신주쿠 토호빌딩 P180

IMANO TOKYO HOSTEL P178

BISTRO CAFE LADIES&GENTLEMEN P170

NEWoMan 신주쿠 미라이나 타워 P172
GARDEN HOUSE Shinjuku P174
SALON BUTCHER&BEER P176

도쿄 가든테라스 기오이초 P116

No.4 P124

요요기 빌리지 by 쿠르쿠 P168

P182 서부·도심
WEST URBAN

WEEKEND GARAGE TOKYO P188

Stall Restaurant For
Catering and Gathering P192

다이칸야마 츠타야 서점 P186
Bird 다이칸야마 P188
ONUBUS COFFEE 나카메구로 P190
로그 로드 다이칸야마 P189

RISE&WIN Brewing Co.
KAMIKATZ TAPROOM P128

IRVING PLACE P13
THE TENDER HOUSE P

PRETTY THINGS P194

Bowery Kitchen P196

T.Y. HARBOR P208

YANESEN NORTH

야네센
북부

야나카, 네즈, 센다기 세 지역을 아울러 일컫는 야네센谷根千은 도쿄문화자원구 중 하나로, 오래된 민가와 연립 등이 많이 남아 있는 곳이다. 야네센 서쪽에 위치한 이케부쿠로·오쓰카 주변의 목조 가옥 및 상점이 밀집해 있는 구역을 가리킨다. 개발의 파도에 휩쓸릴지, 아니면 지금의 모습을 유지할지 선택의 기로에 서 있는 곳이기도 하다. 빈집과 빈 상점을 리노베이션하면서 만들어진 새로운 거리가 눈에 띈다. 단순히 '지킨다'는 자세가 아니라 더욱 적극적으로 새로운 쓰임새를 창출하려는 분위기가 이 역사적인 거리에 다시 숨을 불어넣기 시작했다.

□ Landmark   □ Plaza·Atrium   ■ Anchor   ■ Eat·Drink   ■ Appreciate   □ Stay

HAGISO

address 다이토구 야나카 3-10-25 台東区谷中 3-10-25
opened 2013 operation HAGISO
design; interior HAGI STUDIO
homepage hagiso.jp

1 아파트 복도였던 곳이 기둥이 죽 늘어선 공간이 되어 카페와 북쪽 갤러리를 나누어준다. 갤러리 부분은 천장을 철거하여 드러난 빈 곳의 내벽을 하얗게 칠하여 완성

60년 된 목조 임대아파트였던 건물이 갤러리 카페로 재탄생했다. 원래는 리노베이션에 관여한 미야자키 미쓰요시 씨가 대학 시절부터 친구와 함께 살던 하숙집이었다. 이 건물과 동네에 대한 애착심으로 리노베이션 작업을 시작했다고 한다. 갤러리는 신인을 중심으로 다채로운 장르의 아티스트에게 무료로 대여하고, 전체 운영은 카페 수입으로 메우는 구조. 스스로 '가장 작은 문화 복합시설'이라 부른다. 민간사업으로서 지속할 수 있는 소규모 공공문화 장소를 운영하면서 지역의 매력을 더하는 데 도움이 되려고 애쓰는 중이다.

2 오카구라 덴신기념공원 앞에 위치. 목조 임대아파트 시절 한 번 철거가 결정되었을 때 고별의 의미로 미야자키 씨가 이벤트 '하기엔날레'를 개최하기도 했다. 이벤트는 큰 인기를 끌었고, 이는 건물이 철거되지 않고 남는 계기가 되었다. 현재 미야자키 씨가 사업에 대한 위험 부담을 안고 운영에 관여하고 있다

3 카페의 카운터
4 2층에는 하나레 hanare(P020)의 프런트와 미야자키 씨의 스튜디오가 있다
5 이곳의 특별한 새 문조는 하기소가 아파트였던 시절부터 함께 살고 있다. 하기엔날레에서는 미야자키 씨 작품의 일부가 되었다

1 하기소HAGISO 2층 프런트에서는 지역에 대한 정보도 제공한다. 야나카에는 음식점 등 고풍스러운 장소가 여럿 있지만, 경영난으로 폐업하거나 재개발로 철거된 곳이 간혹 눈에 띈다. 여행자들이 이 동네에서 돈을 쓰게 되면 이 장소들을 되살리고 이어갈 수 있을 것이다 **2** 하나레의 현관을 내려다본 것

□ Landmark   □ Plaza·Atrium   □ Anchor   □ Eat·Drink   □ Appreciate   ■ Stay

hanare

address 다이토구 야나카(비공개) 台東区谷中
opened 2015 operation HAGISO
design; interior HAGI STUDIO
homepage hanare.hagiso.jp

하기소HAGISO(P018)를 경영하는 건축가 미야자키 미쓰요시 씨의 두 번째 프로젝트. 50년 된 목조 임대아파트를 리노베이션하여 료칸을 개업했다. 거리 전체를 커다란 호텔로 삼아 차례대로 문을 연 '네트워크형 숙박시설'의 첫 번째 주인공이다. 주변에 남은 여러 상점을 이용하여 운영한다. 체크인은 하기소에서 한다. 지역에 관한 설명을 들은 손님은 그곳에서 야나카 일대를 둘러본 후 '하나레'로 안내받는다. 걸어서 갈 수 있는 거리에 대중목욕탕이 몇 개 있고, 다이닝 레스토랑도 여럿 있다. 근처 체험학습장에서는 문화 체험도 할 수 있다.

3, 4 객실. 밭 전(田)자 형태의 2층짜리 목조 아파트에서 각 층의 한 방을 욕실로 쓰고, 나머지 세 방을 객실로 쓴다. 하루에 최대 11명까지 숙박 가능하다. 바닥은 원래 높이에서 약 300mm 높인 것
5 세면대
6 특제 오동나무 상자에 오리지널 수건 등의 어메니티를 담아두었다

☐ Landmark ☐ Plaza·Atrium ☐ Anchor ■ Eat·Drink ☐ Appreciate ☐ Stay

카야바 커피 カヤバ珈琲

address 다이토구 야나카 6-1-29 台東区谷中 6-1-29
opened 2009
design; interior 나가야마 유코 건축설계
homepage kayaba-coffee.com

1 검은 유리를 깐 천장으로 가게 안 팎의 활기찬 모습이 비친다. 빛의 정도나 앉는 위치에 따라 그곳에 옛 들보가 겹쳐 보인다. 의자와 식기도 예전에 쓰던 것을 다시 쓰고 있다

2 정면 안쪽의 벽을 환하게 하여 바깥으로 빠져나가는 듯한 느낌을 준다 **3** 고토토이도리言問通リ에 면해 있으며 사거리의 모퉁이에 위치. 외관과 노란색 간판도 예전 그대로 **4** 2층의 전통방도 이용 가능. 바닥 일부에 유리가 깔려 있어 위에서는 아래, 아래에서는 위의 모습을 볼 수 있다

1938년 창업한 이래 동네 사람들에게 줄곧 사랑받아온 카페 '카야바 커피'는 2006년 폐점되었었다. 그러나 NPO 법인 다이토역사도시연구회와 현대아트갤러리 '스카이 더 배스하우스 SCAI THE BATHHOUSE'가 협력하여 건물을 임대하고 리모델링한 끝에, 야나카의 새로운 문화발상지로 다시 태어났다. 1916년 지은 건물의 기둥과 들보, 외관을 그대로 살리면서 빛의 이미지는 증폭되도록 설계하였다. 과거에서 현재, 미래로 이어지는 시간이 교차하는 곳이다.

☐ Landmark   ☐ Plaza·Atrium   ■ Anchor   ■ Eat·Drink   ■ Appreciate   ☐ Stay

우에노사쿠라기 아타리 上野桜木あたり

address 다이토구 우에노사쿠라기 2-15-6 台東区上野桜木 2-15-6
opened 2015 **operation** 각 임차인+쓰카코시 상사, 관리 협력: NPO 법인 다이토역사도시연구회
design 쿠라시폰 외
homepage uenosakuragiatari.jp

1 '소금과 올리브가게 오시올리브'는 골목 쪽에 테이크아웃용 창구를 열어두었다. 여기서 산 음료를 손에 들고 골목 벤치에서 잠시 쉬는 사람도 많다 **2** 입구와 가장 가까운 1호동의 1층은 '야나카 비어홀' **3** 들어가서 안쪽의 오른쪽 2호동에 있는 '카야바 베이커리'는 도보 2분 거리의 '카야바 커피'(P022)에서 운영한다

에도 시대부터의 역사와 문화를 느낄 수 있는 장소에 남아 있던 오래된 목조 건물 세 채를 골목과 함께 되살린 복합시설. 카야바 베이커리, 야나카 비어홀 등 다양한 숍이 있으며 다도회나 각종 강좌, 전시회 장소로 대여할 수 있는 공간도 마련되어 있다. 이처럼 '아타리'는 세대와 국적을 뛰어넘어 사람들이 소통하고, 지역의 매력을 발견·홍보하는 장소가 되었다. 우에노·야나카 지역의 역사적인 건물을 보존하며 활용하는 데 힘쓰는 NPO 법인이 오너 기업과 함께 재생사업 계획을 세워 현재도 함께 관리하고 있다.

4 부지 내의 대실에서 골목을 바라본 풍경

5 세 건물은 모두 1938년 건축했다. 오너 기업의 창업가 가족이 자택 및 셋집으로 세운 것. 오래된 건물이라 활용 전 미리 조사와 내진 검사 등을 실시했다. 건물 안팎 모두 주의 깊게 보존·수리하였다

☐ Landmark　☐ Plaza·Atrium　■ Anchor　■ Eat·Drink　☐ Appreciate　☐ Stay

도덴 테이블 오쓰카 都電テーブル大塚

address 도시마구 기타오쓰카 2-28-7 豊島区北大塚 2-28-7
opened 2016
design; interior&operation 도덴야모리샤
homepage www.toden-table.com

1, 2, 3 카운터 위의 벽에 그린 페인팅은 센다이에 사는 일러스트레이터 마쓰다 도모미가 작업한 'TOMOMI_Type'. 기존 건물을 증축하면서 각 벽을 떼어내고, 공간을 낙낙하게 나누어 부스석 같은 것도 만들었다. 뒤로는 옆 부지와의 사이에 쌓은 응회석 담이 남아 있어 인테리어의 일부가 되었다

도덴 아라카와선의 레일이 가로지르는 오쓰카역 앞, 그 한쪽의 술집이었던 곳을 리노베이션하여 쓰고 있다. 도덴 무카이하라역 근처에 2015년 개업한 '도덴 테이블'의 2호점이다. 임대업자 아오키 준 씨, 건축가 시마다 요헤이 씨 등이 거리조성사업을 위해 설립한 회사 '야모리샤'가 경영하고 있다. 산지 직송 채소를 이용하여 점심에는 백반집, 저녁에는 와인 바로 영업 중. 건물 주인의 협력 아래 같은 블록의 점포 철거 부지 여섯 군데를 연계하여 '동네 푸드코트'로 활용하려 한다.

4 1호점은 맨션 2층에 있지만 2호점인 오쓰카점은 길가에 위치해 개방적이다. 앞으로 2층을 활용할 사업도 검토 중이다

5 도덴 야모리샤는 '동네의 주인'으로서 마을 주민의 생활 편의를 봐주던 에도 시대의 '야모리家守'를 현대판으로 되살리려는 뜻에서 탄생했다. 아오키 준 씨, 시마다 요헤이 씨가 그 중심이 되어 네트워크를 만들었다. 이처럼 빈 건물의 재생을 사업화하는 민간 주도의 '야모리 회사'가 전국에 만들어지기 시작했다

□ Landmark   □ Plaza·Atrium   □ Anchor   ■ Eat·Drink   □ Appreciate   □ Stay

cafe&bar totoru

address 분쿄구 오쓰카 3-5-2 구보마치 CK빌딩 1층 文京区大塚 3-5-2 窪町 CKビル 1階
opened 2013 operation 개인
design; interior medicala
homepage totoru.jp

1

1 가게 안에서 가스가도리를 바라보았을 때의 풍경. 공사 담당은 와타나베야. 아즈노 다다후미 씨는 도쿄 구라마에의 누이 호스텔&바 라운지 Nui. HOSTEL&BAR LOUNGE 등을 디자인하기도 했다 **2, 3** 가스가도리 반대편 입구 옆에는 테라스석이 있다

묘가다니역 근처 가스가도리의 건물 1층이다. 대로 반대편도 도로와 접하고 있어 양쪽 다 입구가 있다. 늘 햇빛이 비치고 바람이 통하는 유니크한 장소. 디자이너인 주인과 목수, 장인, 가게 스태프들이 자연스러운 느낌의 다양한 목재를 사용해 외관과 문, 카운터, 책장, 벤치 등을 하나하나 직접 만들었다. 이상적인 '좋은 공간'을 만들기 위해서는 디자인하는 사람과 만드는 사람이 같아야 한다고 주장하는 아즈노 다다후미 씨의 생각이 고스란히 드러나 있다.

4 가스가도리 쪽

5 샛길과 같은 가게 안. 1984년에 태어난 아즈노 씨는 작업을 의뢰받은 곳에 직접 살아보고 만든다는 자세를 중요하게 여겨 일본 각지를 옮겨 다니며 살아왔다. 현재는 나가노현 스와시를 거점으로 미국 포틀랜드의 건축자재 리사이클숍에서 이름과 로고를 정식으로 따온 '리빌딩센터 재팬'의 운영에 관여하고 있다

□ Landmark ■ Plaza·Atrium □ Anchor ■ Eat·Drink □ Appreciate □ Stay

미나미이케부쿠로 공원 南池袋公園

address 도시마구 미나미이케부쿠로 2-21-1 豊島区南池袋 2-21-1
opened 2016(리뉴얼)
operation 도시마구(공원관리자), 미나미이케부쿠로 공원을 지키는 모임, 그립 세컨드(카페 레스토랑 사업자)
total produce&design 랜드스케이프 플러스

1, 2, 3 오프닝 때는 특별 이벤트를 집중적으로 개최했다. 공원으로서의 제한은 아직 많지만, 지역 주민들이 마음껏 이용하는 모습이 일상이 되는 '공원의 미래상'을 운영에 협력하는 모두가 그려냈다

이케부쿠로역에서 남동쪽으로 걸어가 상점가를 나가면 정면에 있다. 도시마구 청사가 있는 초고층 빌딩을 비롯하여 오피스 빌딩이 즐비한 곳에 넓은 잔디밭과 나무 데크를 설치했다. 공원 내에는 음식점 라시느 팜 투 파크Racines FARM to PARK가 있다. 재해 시 귀가가 어려운 사람을 수용할 수 있고 취사가 가능하게 하는 등 방재 대책을 전제로 하여, 삶을 즐기기 위해 시민 스스로 힘을 발휘할 수 있는 장소를 만들었다. 서비스 향상에 충분한 재원을 확보하며 새로운 '공원 문화'를 만들려고 한다.

4 겨울 잔디에 여름 잔디를 오버시딩하여, 일 년 내내 잔디광장으로 사용한다. 아이들이 달리고, 어른도 잔디밭에 앉거나 눕는다

5 오프닝 때는 지역 사업자나 주부의 벼룩시장, 악단 연주 등이 열리기도 했다. 리뉴얼 당시 지역 단체와 사업자, 구 자치단체 등이 함께 '미나미이케부쿠로 공원을 지키는 모임'을 조직했다. 음식점의 매출로 지역 되살리기 비용을 모아 자체 재원으로 삼고 있다. 이런 구조를 포함하여 이케부쿠로 부도심 종합계획을 세우는 데에도 관여한 랜드스케이프 플러스의 히라가 다쓰야 씨가 공원 전체의 관리를 책임지고 있다. 공공시설의 지속적인 경영을 지향한다

1 1층부터 9층까지 트인 청사 중앙의 아트리움 **2** 구청사로 들어가는 정면으로 약 1m×6m 크기의 패널이 바둑판무늬처럼 달려 있다. 녹음, 태양광발전, 유리, 목제 미늘창으로 구성되었으며 '에코 베일'이라 부른다

■ Landmark   ■ Plaza·Atrium   □ Anchor   □ Eat·Drink   □ Appreciate   □ Stay

도시마 에코뮤제 타운 としまエコミューゼタウン

address 도시마구 미나미이케부쿠로 2-45 豊島区南池袋 2-45
opened 2015 operation 도시마 에코뮤제 타운 관리조합
design; architecture 일본설계
direction(facade, interior) 구마 켄고 건축도시설계 사무소
landscape 랜드스케이프 플러스

구청사 위에 초고층 분양 맨션을 세워 하나의 건물로 만들었다. 저층부 남쪽 4층부터 10층까지 계단형 정원 '그린 테라스'를 만들어 외부 계단을 통해 위아래로 산책할 수 있도록 했다. 그린 테라스는 도시마구가 위치한 무사시노 대지와 간다강의 고저차와 같은 높이다. 10층 옥상에는 도시화하기 전 도시마의 자연을 재현한 생식 공간과 수조 등을 설치해 '도시마 숲'이라는 이름을 붙였다. 식물의 성장 및 변화와 함께 지역 역사와 자연 속에 건물 자체가 녹아드는 미래를 구상하며 운영하고 있다.

3 10층의 '도시마 숲'은 낮 동안에는 일반인에게 개방한다. 건물 전체 경관의 디자인은 '랜드스케이프 플러스'가 담당하고 있다
4 이케부쿠로역에서 남동쪽으로 약 600m 거리에 있다. 역 앞부터 이어지는 그린대로의 오픈 카페에서 사회실험을 실시하는 등 거리에 활기를 더할 시책도 이어 나가고 있다

□ Landmark   □ Plaza·Atrium   ■ Anchor   ■ Eat·Drink   □ Appreciate   □ Stay

아부쿠리 あぶくり

address 도시마구 다카다 1-36-18 하우스 TKA 메지로 2층 豊島区高田 1-36-18 ハウスTKA 目白 3階
opened 2012 operation 개인
design; interior 라이온 건축사무소
homepage www.abukri.jp

1，2，3 지역의 젊은이와 아이를 둔 엄마들이 모일 만한 곳을 만들고 싶다는 레이코 씨의 마음에서 시작된 카페. 메뉴와 영업시간도 그 기준에서 정했다

조시가야의 빌딩 2층에 있는 샌드위치와 커피를 메인으로 판매하는 카페. 대기업에서 디자이너로 일하던 시마다 레이코 씨는 육아와 일을 병행하던 중 자신의 일과 삶을 재정비하고 싶다며 이 카페를 개업했다. 레이코 씨의 남편인 건축가 시마다 요헤이 씨가 가게의 리모델링을 맡았다. 요헤이 씨는 거리조성 관계자나 자신이 가르치는 대학생들을 위해 이곳에서 강의를 하기도 한다. '카페=공동 공간'이라는 운영 방식으로 여러 사람을 이끌어 지역의 매력을 창출하는 거점이 되었다.

4 공사의 절반 이상은 시마다 부부와 그 가족, 사무실 직원들이 직접 했다. 기존의 인테리어를 없애고 골조를 그대로 노출시킨 채 가구와 조명만으로 가게의 이미지를 만들었다. 검은 가죽으로 싼 철제와 2×10(투바이텐) 규격의 레드시더로 만든 카운터 칸막이가 포인트

5 아부쿠리를 사람과 사람, 사람과 마을을 이어주는 열쇠로 만들어온 시마다 요헤이 씨는 고향인 기타큐슈에서 시작된 '리노베이션 거리조성'을 전국으로 퍼뜨린 중심인물. 도쿄에서는 조시가야를 시작으로 동료와 '도덴 야모리샤'(P026)를 설립하여 활동 범위를 넓히고 있다

□ Landmark   □ Plaza·Atrium   □ Anchor   □ Eat·Drink   □ Appreciate   ■ Stay

BOOK AND BED TOKYO

address 도시마구 니시이케부쿠로 1-17-7 루미에르 빌딩 7층 豊島区西池袋 1-17-7 ルミエールビル 7階
opened 2015 **operation** 아틀리에 북 앤드 베드
design; interior 서포즈 디자인 오피스
homepage bookandbedtokyo.com/tokyo

1 장서 목록은 시부야구 가미야마초의 서점 '시부야 퍼블리싱&북셀러즈SHIBUYA PUBLISHING&BOOKSELLERS(SPBS)'가 선정하였다. 현재 1,700권을 갖추었으며 책장은 3,000권까지 수납할 수 있다 **2** 주문제작한 소파는 길이가 120cm나 되어 편안하게 앉을 수 있다 **3** 책장과 일체형이 아닌 침대도 18개 있다. 침대 크기는 스탠더드와 콤팩트 두 종류. 오후 1시부터 5시 사이의 데이타임 이용도 가능하다

'묵을 수 있는 서점'이 콘셉트인 호스텔. 문을 열면 눈앞에 창가까지 이어지는 긴 목제 책장이 나타나, 언뜻 보면 서점이지만 그 안에는 12개의 침대가 숨겨져 있다. 취식이 가능한 로비의 천장에는 조명과 함께 많은 책이 걸려 있어, 마치 책이 내리고 있는 것 같다. 책장은 정면에 몰딩을 더하고 윗부분은 곡선으로 만들어 부드러움을 연출했다. 거친 느낌의 노출 콘크리트와 대비된다.

☐ Landmark   ☐ Plaza·Atrium   ■ Anchor   ■ Eat·Drink   ■ Appreciate   ■ Stay

시나토잇페이 シーナと一平

address 도시마구 나가사키 2-12-4 豊島区長崎 2-12-4
opened 2015 operation 시나타운
design; direction 블루 스튜디오 ;interior 히카미야마내장
homepage sheenaandippei.com

1 '천은 세계의 공통 언어'가 콘셉트. 1층에는 세계의 갖가지 천으로 만든 커튼을 달았다. 2층은 패브릭을 인테리어 포인트로 삼았다 2, 3 음료를 주문하면 미싱을 시간제로 이용할 수 있다

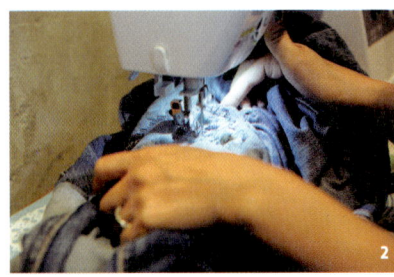

도시마구 서부 시나마치의 상점가에 있는 돈가스 가게를 리노베이션하여 사용하고 있다. 1층에는 미싱을 빌려주는 카페, 2층에는 외국인 여행자를 위한 료칸이 있다. 관광객과 지역 주민을 모두 대상으로 한 장소이다. '상점가를 체험해보기 위한 숙소'라는 콘셉트답게 근처에 위치한 음식점과 목욕탕 등을 적극적으로 소개하며, 동네에 살고 있다는 느낌을 주는 장소로 만드는 것이 목표. 카페는 료칸의 공용시설을 겸하며, 세대와 국적을 뛰어넘어 손님이 교류할 수 있는 열린 장소가 되었다.

4, 5 2층짜리 목조 건물. 내진보강을 하면서 1층의 정면을 거리 쪽으로 텄다. 간판은 옛날 그대로. 유휴 부동산을 활용하여 '리노베이션 거리'를 만들어 지역에 매력을 더하려는 시도에서 탄생했다. 마을 주민인 히카미야마 고이치 씨 등이 운영을 위해 야모리 회사를 세웠다

동부
리버사이드

하천 활용과 배편의 정비에 박차가 가해지면서 최근 주목을 모으고 있는 지역. 그 전까지는 눈에 띄는 장소가 부족했던 탓인지 구라마에, 기요스미시라카와 등에 새롭게 생긴 장소가 이 지역의 매력을 이끌어내고 있다. 물류의 거점이었던 강가에는 창고로 쓰였던 공간들이 많이 남아 있어, 제대로 사용될 기회를 기다리고 있다. 아사쿠사 등의 관광지가 있어 숙박 공간도 늘어나고 있다. 이곳을 중심으로 새로운 도쿄 문화가 만들어지지 않을까.

■ Landmark □ Plaza·Atrium □ Anchor ■ Eat·Drink ■ Appreciate □ Stay

아사쿠사 문화관광센터 浅草文化観光センター

address 다이토구 가미나리몬 2-18-9 台東区雷門 2-18-9
opened 2012
operation 다이토구
design; architecture 구마 겐고 건축도시설계사무소

1 1층 안내 로비와 2층 관광정보 코너 사이가 트여 있다. 천장의 경사는 층마다 다른 차양의 기울기에 맞췄다

2 가미나리몬 사거리와 면해 있다. 사진의 왼쪽 아래가 가미나리몬의 지붕, 위쪽이 도쿄 스카이트리 3 8층에 있는 전망대와 카페. 센소지의 나카미세를 내려다볼 수 있다 4 7층 전시 공간

도쿄 제일의 관광지인 센소지 가미나리몬을 향해 있으며, 관광 진흥의 거점이다. 관광안내소와 회의실, 전시 공간, 전망대 등 다방면으로 활용된다. 각각 지붕이 있는 단층집을 쌓아올린 듯한 8층 건물로, 명쾌한 개성을 지닌 랜드마크가 되었다. 각 층의 높이와 미늘창, 차양의 경사에도 변화를 주어 '거리'의 분위기가 느껴지도록 디자인했다. 내부 공간도 바깥의 차양에 맞춰 천장을 기울여 만들고 마감도 다양하게 하는 등 자칫 단조로울 수 있는 도심의 빌딩에 구경하는 즐거움과 축제의 느낌을 더했다.

1 최상층에 있는 숙박자 전용 공간 **2** 1단 침대가 있는 도미토리 룸. 그 밖에 2단 침대가 있는 도미토리 룸, 4명까지 묵을 수 있는 패밀리 룸으로 구성되어 있다. 침상은 모두 128개

□ Landmark　□ Plaza·Atrium　□ Anchor　■ Eat·Drink　□ Appreciate　■ Stay

BUNKA HOSTEL TOKYO

address 다이토구 아사쿠사 1-13-5 台東区浅草 1-13-5
opened 2015 operation 스페이스 디자인, UDS
design; interior UDS
homepage bunkahostel.jp

아사쿠사 록스ROX 근처의 아케이드 상점가 모퉁이에 자리하고 있는 호스텔. 지어진 지 34년 된 빌딩을 리노베이션하여 사용하고 있다. 거리에 새로운 활기를 불어넣고, 목적을 지닌 외국인 관광객이 찾아오도록 도미토리 타입의 호스텔을 목표로 한다. 특히 감각이 뛰어난 외국인 손님이 '현대 일본의 디자인 스타일'을 느낄 수 있는 공간을 만들려고 한다. 1층에는 프런트와 선술집 '분카'가 있으며, 건물 정면은 통유리로 개방되어 열린 느낌을 주고 있다. 관광객과 동네 주민이 교류할 수 있는 장소가 되었다.

3 서비스 아파트먼트, 서비스 오피스, 호텔 사업을 펼치는 스페이스 디자인이 UDS를 파트너로 맞이하여 호스텔 업체를 개발했다. 아케이드 상점가(스시야도리)의 빈 빌딩이었던 지상 7층 빌딩을 활용했다
4 독자적으로 개발한 '벙크 베드'. 상하단의 방향을 90도 회전시켜 맞추고, 입구를 따로 만들어 프라이버시를 보호하는 공간을 만들었다

□ Landmark   □ Plaza·Atrium   □ Anchor   ■ Eat·Drink   □ Appreciate   □ Stay

Ashi Teishoku&Diner

address 다이토구 고마가타 2-6-5 台東区駒形 2-6-5
opened 2015 operation 개인
design; interior 디자인에이트
homepage www.ashi-asakusa.com

1 삼거리의 막다른 길에 있는 가게로, 트인 시야 너머로 고마가타 도제우 본점이 보인다. 축제가 열릴 때는 가게 앞을 이용하기도 한다 2, 3 요리를 담당하는 마쓰모토 쇼코 씨는 파티시에 경력이 있어 디저트 메뉴에도 공들이고 있다

노포 고마가타 도제우 본점에 면해 있는 고마가타 니초메 삼거리, 그 막다른 곳의 빌딩에서 영업 중인 식당이다. 이 구역 내에 호텔과 호스텔이 점점 눈에 띄고, 외국인 숙박객이 늘고 있다. 그런 여행객에게 일본의 일상적인 식사인 정식(Teishoku)이라는 존재와 그 매력을 알리기 위해 밤낮으로 즐길 수 있는 수제 정식 메뉴를 메인으로 하고 있다. 런치 타임에는 매일 바뀌는 정식을 제공하고 밤에는 일본주 바를 겸한 다이닝으로 운영하여 단골손님과 출장 온 비즈니스맨의 취향에 모두 부응한다. 이렇듯 다양한 손님의 상황을 고려하여 내부 디자인에는 보편성을 중요시하고 있다.

4 마쓰모토 씨는 일본주 바에서 일한 경험도 있다. 가게 안에는 마쓰모토 씨가 엄선한 일본주가 늘어서 있다

5 매니저인 기무라 준지 씨의 부모님은 아사쿠사바시에서 40년 넘게 카페 '아시'를 운영해오고 있다. 'Ashi'라는 가게 이름 외에도 일부 대표 메뉴의 레시피를 이어받았다

■ Landmark   □ Plaza·Atrium   ■ Anchor   ■ Eat·Drink   ■ Appreciate   □ Stay

Riverside Cafe Cielo y Rio

address 다이토구 구라마에 2-15-5 MIRROR 1층 台東区蔵前 2-15-5 MIRROR 1階
opened 2011 operation 발니바비
design; 발니바비 디자인 스튜디오 ;facade(MIRROR) 나가야마 유코 건축설계
homepage www.cieloyrio.com

1 흰색을 기조로 한 3층 공간. 건너편으로 스미다강과 도쿄 스카이트리를 볼 수 있다. 약 60석의 좌석이 있으며, 피로연 파티나 촬영용 스튜디오로도 이용 가능하다 2 지은 지 40년 정도 된 악기 창고를 리노베이션하여 만든 미러. 신구가 공존하는 세계관을 정면의 핑크로 표현했다. 발니바비의 사무실 외에 4층에는 탁구 살롱 바인 '리바욘RIBAYON', 최상층인 7층에는 루프톱 바 '프리바도Privado' 등이 있다. 구라마에의 인지도를 높이는 또 하나의 계기가 된 숙박시설 '누이 호스텔&바 라운지'가 건너편에 있다 3 오픈 테라스석

도쿄 동부가 지닌 잠재력에 빠르게 주목하여 적극적으로 점포를 늘리고 있는 외식기업 발니바비가 운영하는 '미러MIRROR'. 다이토구 구라마에에 있는 스미다 강가의 건물을 확보하여 리노베이션한 복합빌딩이다. 1층과 3층에 180석 이상을 보유한 대형 레스토랑&카페인 '리버사이드 카페 시엘로 이 리오'를 영업 중이다. 가게 이름은 하늘(cielo)과 강(rio)을 의미하고, 도쿄 스카이트리를 바라보며 비스트로 요리를 즐길 수 있다. 발니바비는 구라마에부터 시작해 북쪽의 아사쿠사로 가기 직전에 있는 고마가타까지를 '구라고마'라고 이름 지어, 지역의 정서와 문화를 계승하며 주변을 계속해서 번성시키고 있다.

1 창고를 리노베이션하여 사용한다. 정면에 공원이 있다 **2** 유리로 막은 카카오 콩 보존·선별 공간

☐ Landmark ☐ Plaza·Atrium ☐ Anchor ■ Eat·Drink ☐ Appreciate ☐ Stay

팩토리&카페 구라마에 ファクトリー&カフェ蔵前

address 다이토구 구라마에 4-14-6 台東区蔵前 4-14-6
opened 2016 **operation** 단델리온 초콜릿 재팬
design; interior 퍼들, 모야 디자인
homepage dandelionchocolate.jp/factorycafe

미국 샌프란시스코의 초콜릿 회사 '단델리온 초콜릿'의 해외 1호점. 일본 플래그십 스토어이기도 하다. 지은 지 60년 이상 된 창고를 리노베이션한 건물 중 1층은 카카오 콩의 선별부터 배전, 분쇄, 성형까지 모든 공정을 진행하는 공장, 2층은 워크숍 공간을 마련한 카페로 활용한다. 바닥과 천장, 기둥과 대들보에 예전 모습이 남아 있으며 제조 공정을 가까이서 보며 음료와 디저트를 즐길 수 있다. 입구 왼쪽에 있는 콩을 보존·선별하는 공간은 유리로 막아 밖에서도 보일 수 있도록 하였다.

3 기존 뼈대를 그대로 노출시킨 2층 카페에는 가구를 넉넉하게 배치했다
4 2층의 워크숍 공간에 있는 고정 테이블은 중앙에 유리가 깔려 있어 아래층의 초콜릿 제작 현장을 볼 수 있다
5, 6 '빈 투 바 Bean to Bar'를 표방하여 전 세계의 카카오 농장에서 좋은 콩을 선택해 구입하고 카카오 콩과 비정제설탕만으로 초콜릿을 만든다. 덕분에 순수한 카카오 풍미를 맛볼 수 있다. 카페에서 제공하는 메뉴는 그때 사용되는 카카오 콩에 따라 다르다

☐ Landmark   ☐ Plaza·Atrium   ☐ Anchor   ■ Eat·Drink   ☐ Appreciate   ☐ Stay

료고쿠 테라스 両国テラス

address 스미다구 요코아미 1-12-21 墨田区横網 1-12-21
opened 2015 operation 발니바비
design; architecture 발니바비 디자인 스튜디오
homepage www.ryogokuterrace.jp/terraceCafe

1 료고쿠 테라스 카페. 구 야스다 정원의 녹음을 가까이서 느낄 수 있다. 원래 이 정원은 스미다강의 물을 끌어오는 방식(현재는 펌프식)의 회유식 정원으로 정비된 곳이다. 산책 중 나무 사이로 도쿄 스카이트리를 볼 수 있다. 바로 왼쪽으로 스미다강이 흐른다 2 '스포츠와 음식의 복합시설'을 내세우며, 서포트 시설 '10 오버 9 런 큐브'에서는 빈손으로 가도 러닝이 가능하도록 서비스를 제공한다 3 반 야외 테라스석. 겨울철에는 고타쓰 자리를 설치한다

구 야스다 정원과 이웃한 료고쿠 테라스는 료고쿠 국기원에서 그리 멀지 않다. '식사와 건강'이라는 테마의 러닝장 병설 카페&밸런스 식당이다. 스미다강까지 도보 3분으로 입지가 좋으며, '10 오버 9 런 큐브10 OVER 9 RUN CUBE'에서는 가볍게 강가를 달리거나 걷고 싶은 사람들을 위한 서비스를 제공한다. 료고쿠 테라스 카페 안에는 스포츠 영양학에 근거한 균형 잡힌 건강식을 제공하는 '가노야 애슬리트 식당'이 있다. 테라스에서는 바비큐를 비롯해 다양한 이벤트도 가능하다.

□ Landmark □ Plaza·Atrium □ Anchor ■ Eat·Drink □ Appreciate □ Stay

LA SORA SEED FOOD RELATION RESTAURANT

address 스미다구 오시아게 1-1-2 도쿄 스카이트리 타운 도쿄 소라마치 31층 墨田区押上 1-1-2 東京スカイツリータウン東京ソラマチ31階
opened 2012 operation kurkku
design; interior; funiture UDS · 고쿠요 퍼니처(현 고쿠요)
homepage www.kurkku.jp/lasoraseed

1, 2, 3 도쿄 스카이트리 타운 내 복합 빌딩인 이스트 타워 31층에 멋진 전망을 자랑하는 '소라마치 다이닝 스카이트리 뷰'의 한 부분을 차지하고 있다

도쿄 스카이트리 타운 내의 '도쿄 소라마치' 최상층에 있는 이탈리안 레스토랑. 150m 높이에서 아래로 펼쳐지는 광경과 눈앞에 자리한 도쿄 스카이트리를 한눈에 볼 수 있다. 도쿄에서 음식점을 기획해온 쿠르쿠kurkku와 야마가타의 자연 친화적 레스토랑 '알케치아노'에 의한 '푸드 릴레이션 네트워크Food Relation Network'를 실천하는 장소로 출발했다.

4 야경. 조망을 확보하기 위해 천장의 높이까지 유리 개구부를 달았다

5 일본의 음식과 농업을 잇는 프로젝트 '푸드 릴레이션 네트워크'를 실천하는 장소로서 운영한다. 기획 및 설계를 맡은 USD와 운영을 담당하는 쿠르쿠는 요요기 빌리지(P168)에서도 협력하였다

1 염불당의 1층은 개방적인 공간으로 두었으며, 지상에서 약 4m 높이의 처마 위에 대나무를 심었다

■ Landmark □ Plaza·Atrium □ Anchor □ Eat·Drink □ Appreciate □ Stay

에코인 염불당 回向院念仏堂

address 스미다구 료고쿠 2-8-10 墨田区両国 2-8-10
opened 2013 operation 에코인
design; architecture 가와하라 유타카 건축연구실
homepage ekoin.or.jp

1657년 에도 시대에 일어난 대화재로 사망한 희생자를 기리는 단체 공양을 기원으로 하는 정토종 사원. 에코인 염불당은 본당에 인접해 있다. 염불당 외에 참배객을 위한 쉼터, 서원, 절 등이 있다. 튀어나온 처마 위에 대나무를 심은 '공중정원'이 있으며, 공중정원에 면하여 개방적인 회랑이 둘러싸고 있다. 경내의 회랑에는 가능한 벽과 기둥이 없도록 설계하였고, 대신 54개의 크리스털 유리 장식을 쭉 달았다. '에코'란 공양이라는 뜻. 온갖 생명을 공양하는 장소로, 반려동물 등의 동물을 위한 위령비와 묘지도 있다. 지역 사람들도 많이 찾는다.

2 2층의 참배객용 공간. 유리로 된 여닫이문을 열면 회랑과 하나로 연결된다. 대나무와 크리스털 유리 장식을 사용해 극락의 경치를 연출. 오른쪽으로 보이는 것은 일본화가 센주 히로시가 그린 장지 그림
3 커다란 유리구슬 안에는 레이저로 불상을 새겨 넣었다. 이러한 가공품 외에 크리스털 유리 대부분은 스와로브스키 사가 제작했다
4 오른쪽이 참배길

057

1 준공 당시의 모습과 골조를 그대로 남겨둔 외관은 빌딩의 과거를 보여준다 **2** 2층부터 5층까지가 숙박층. 객실의 2층 침대는 삼림 재생에 힘쓰는 고치현 시만토시의 삼림조합과 함께 제품을 개발하고 호스텔의 직원이 조립을 했다

☐ Landmark ☐ Plaza·Atrium ☐ Anchor ■ Eat·Drink ☐ Appreciate ■ Stay

IRORI HOSTEL and KITCHEN

address 주오구 니혼바시 요코야마초 5-13 中央区日本橋横山町 5-13
opened 2015 operation R.project
design; architecture 스피크
homepage irorihostel.com

일본 최대 도매상 거리인 요코야마초는 에도 시대부터 도매상이 모이던 곳으로, 지방에서 오는 손님들로 항상 붐볐다. 그런 요코야마초의 오래된 도매점 빌딩을 외국인 관광객을 위한 호스텔로 바꾸었다. 1층 라운지에는 각지의 맥주와 일본주를 들여놓았고, 밤에는 숙박하지 않더라도 주방과 화로를 이용할 수 있다. 일본 각지의 다양한 물건을 내부에 장식해두어 외국인 관광객이 일본의 지방에도 흥미를 갖고 여행하고 싶은 마음이 들도록 공간을 만들었다. 수도와 지방을 이어주던 지역이 지금은 세계와 일본의 각지를 이어주는 하나의 거점이 되었다.

3 1층 라운지에서는 거리의 모습이 잘 보인다
4 라운지는 계단식으로 안쪽 바닥을 높게 하여 거리에서도 라운지 안이 잘 보인다. 여행자와 거리와의 접점을 만들어내는 하나의 장치다. 화로가 달린 테이블은 민가에서 사용하던 것을 고친 것이고, 주방 옆면의 타일은 미노산 도자기, 안쪽 소파는 나가노에서 제작, 소파 테이블은 지바에서 나는 삼나무를 쓰는 등, 세계에서 온 방문객이 일본 각지의 것을 접할 수 있는 공간으로 만들었다

1 지하철 기요스미시라카와역 바로 근처, 기요스미도리에 면해 있는 노란색 건물 1층에 있다 **2** 주방 앞은 숍으로, 음악과 예술 관련 서적, 생활소품 등 오너가 직접 고른 물건들이 진열되어 있다

☐ Landmark   ☐ Plaza·Atrium   ☐ Anchor   ■ Eat·Drink   ☐ Appreciate   ☐ Stay

gift_lab GARAGE Lounge&Exhibit

address 고토구 시라카와 1-3-13 기요스료 102 江東区白河清 1-3-13 洲寮 102
opened 2015
design; interior&operation 기프트 랩
homepage www.giftlab.jp/garage

카페, 숍, 갤러리, 커뮤니티 살롱 등 복합적인 기능을 지닌 공간. 오너는 공간 디자이너와 크리에이티브 디렉터로 구성된 디자인 단체이다. 이곳은 예술 관련 전시를 하거나 음악 공연과 토크 이벤트, 영화 상영회 등을 여는 등 넓은 의미에서의 '공간 창출'을 목표로 하고 있다. 원래 인쇄소였던 가게의 내부는 바닥·벽·천장을 일부러 마무리하지 않고 배관도 그대로 드러내 부담스럽지 않은 분위기를 만들었다. 기요스미시라카와 주변을 중심으로 활동하는 작가를 소개하는 데에도 주력하고 있다.

3 카페 안쪽에 디자인 스튜디오도 설치
4 숍과 카페가 유기적으로 어우러져 있다
5 캐비닛은 가동식, 테이블은 조립식으로 이벤트가 열릴 때 공간을 자유롭게 활용할 수 있도록 하였다

☐ Landmark   ☐ Plaza·Atrium   ☐ Anchor   ■ Eat·Drink   ☐ Appreciate   ☐ Stay

블루 보틀 커피 기요스미시라카와 로스터리&카페
ブルーボトルコーヒー 清澄白河 ロースタリー&カフェ

address 고토구 히라노 1-4-8 江東区平野 1-4-8
opened 2015 **operation** 블루 보틀 커피 재팬
design; interior 스키마 건축계획 **homepage** bluebottlecoffee.jp/cafes/kiyosumi

1 원래 창고였던 건물의 높은 천장과 커다란 창이 개방감을 선사한다 2 하얀 벽에 파란 보틀 마크가 인상적. 소박한 모습이 일상 풍경에 녹아든다 3 핸드드립 커피는 한 잔씩 정중하게 내려준다

서드 웨이브 커피Third wave coffee의 선구자로 미국에서 인기 있는 캘리포니아 출신 브랜드 '블루보틀 커피'가 해외로 처음 진출하며 선택한 곳이 바로 도쿄의 기요스미시라카와였다. 서민 동네라는 의외성으로도 큰 화제가 되었다. 창고를 리모델링한 건물 1층이 로스터리(배전소)와 카페다. 기존 철골조의 가벼운 느낌을 살린 로스터리 한쪽에서 제조 현장을 실제로 보며 공장에서 직송한 신선한 커피를 즐길 수 있다. 2층에는 주방과 오피스, 바리스타 양성을 위한 교육장을 마련해두었다.

4 안쪽 로스터리 공간에서는 각지에서 도착한 콩을 매일 볶는다. 2층 주방에서 직접 만든 페이스트리, 커피콩과 오리지널 상품 등도 판매 중이다

5 블루 보틀 커피는 커피콩을 엄격하게 관리하며, 카페에서 판매·사용하는 콩은 배전 후 48시간 이내의 것으로 한정하고 있다. 카페만 운영하는 아오야마점과 롯폰기점 등에서는 이곳 기요스미시라카와의 로스터리에서 배전한 콩을 판매·사용한다. 2016년 나카메구로와 시나가와에도 카페를 오픈했다

1 복고풍 분위기의 외관은 서민 동네의 풍경과 잘 어우러진다. 1층 왼쪽이 카페 입구 **2** 가게 안의 곳곳에 앤티크한 가구와 소품이 놓여 있다

☐ Landmark ☐ Plaza·Atrium ☐ Anchor ■ Eat·Drink ☐ Appreciate ☐ Stay

fukadaso cafe

address 고토구 히라노 1-9-7 江東区 平野 1-9-7
opened 2014 operation 개인
design; interior 유쿠이도
homepage fukadaso.com

지은 지 50년 된 해체 직전의 아파트 겸 창고가 복고 분위기를 남긴 채 카페와 가게 등이 들어선 공간으로 다시 태어났다. '부수지 않고, 만들지 않고, 손질하여 이용한다'는 콘셉트로 유쿠이도가 작업한 '물려주는 상자' 프로젝트로 탄생한 장소 중 하나이다. 101호실의 후카다소 카페가 가장 넓고 건물의 분위기와 어울리는 가구와 소품을 갖추고 있다. 이벤트도 개최하며, 이웃의 교류가 당연했던 시절처럼 사람들이 훌쩍 들러 쉬었다 가는 장소가 되었다.

3 건물이 오래되어 철골과 금속으로 보강하였으며 그 모습도 그대로 드러내고 있다. 건물이 이어져 오는 동안의 세월을 느끼며 느긋하게 머물 수 있다
4 안쪽 여닫이문을 열면 건물의 공용 공간. 흡연실과 화장실이 있다

동부·리버사이드 EAST RIVERSIDE

이 책에서는 도쿄를 7개의 구역으로 나누어 순서대로 안내하고 있습니다.
각각 아래와 같은 색깔로 표시하였습니다.

■ EAST RIVERSIDE 동부·리버사이드
■ MID-EAST 동부 중앙

※ 도쿄 전도는 P014를 참조해주세요.

- 3331 Arts Chiyoda P102
- 2k540 AKI-OKA ARTISAN P100
- 마치 에큐트 간다만세이바시 P104

동부 중앙

도쿄의 현관에 위치한 '도쿄 스테이션 시티'. 그리고 다이마루유(오테마치, 마루노우치, 유라쿠초)와 니치하치쵸(니혼바시, 야에스, 교바시). 일본을 대표하는 비즈니스 지역, 상업 지역임은 분명하지만 최근 지역 간 경쟁이 더욱 치열해지고 있다. 외국인 관광객을 대상으로 새로운 매력을 만들어내기 위한 개발이 눈에 띈다. 특히 숙박 기능에 힘을 쏟으려는 움직임이 두드러진다. 긴자에서도 더욱 폭넓은 고객층을 대상으로 하는 곳이 차례차례 오픈하고 있다.

■ Landmark   ■ Plaza·Atrium   □ Anchor   ■ Eat·Drink   ■ Appreciate   ■ Stay

도쿄 스테이션 시티 東京ステーションシティ

address 지요다구 마루노우치 1 千代田区丸の内 1
opened 2012-13(리뉴얼) **operation** 동일본여객철도
design; architecture JR동일본 건축설계사무소, 닛켄설계
homepage www.tokyostationcity.com

1 마루노우치 역사 남쪽 돔 내부. 남북 두 곳의 돔 내부 장식은 문헌과 창건 당시의 사진을 바탕으로 충실하게 복원하였다
2 남북으로 약 335m에 걸친 마루노우치 쪽 전경. 1945년 도쿄대공습으로 3층 부분이 소실된 역사는 그 후 60년 동안 2층 건물인 상태로 쓰여 왔다. 6년의 공사기간을 들여 2층까지의 외벽 부분을 보존하고, 3층과 지붕을 증축하는 형태로 복원했다.

말 그대로 도쿄의 현관이다. 2014년에 개업 100주년을 맞이했다. 일본의 중요문화재인 마루노우치 역사의 대규모 공사를 진행하여 다쓰노 긴고에 의한 창건 당시의 모습을 복원했다. 2012년 도쿄 스테이션 호텔, 도쿄 스테이션 갤러리 등이 역사 안에 다시 문을 열었다. 야에스 출구는 그 다음 해, 그랑 루프라 불리는 거대한 지붕이 드리워진 역 앞 광장으로 변모하였다. 옛날 역 빌딩 안에 있던 다이마루 도쿄점은 재개발 빌딩인 그랑 도쿄 노스타워로 이전하여 영업 중이다. 지하상가 그랑 스타도 포함하면 전체가 마치 거대한 하나의 마을과 같은 모습이다.

3 마루노우치 역사. 호텔 외에, 붉은 벽돌로 만든 벽을 노출시키고 규모를 3배로 확장한 갤러리도 다시 문을 열었다. 돔 꼭대기까지의 높이는 약 45m이다 **4** 도쿄 스테이션 호텔의 객실. 일본 중요문화재 중 유일한 현역 호텔이다. 돔 사이드 타입의 객실은 천장 높이가 4m이다 **5** 야에스 출구의 역 앞 광장. 독일의 건축가 헬무트 얀의 건축설계사무소 'JAHN'이 디자인 설계를 맡았다

□ Landmark   □ Plaza·Atrium   □ Anchor   ■ Eat·Drink   □ Appreciate   □ Stay

STAND T

address 지요다구 마루노우치 1-5-1
신마루노우치 빌딩 1층 千代田区丸の内 1-5-1
新丸の内ビルディング 1 階
opened 2007 operation R&K Food Service
produce heads
design; interior Kata

신마루노우치 빌딩 1층의 남쪽, 소토보리도리와 교코도리가 교차하는 모퉁이에 위치한 카페 바. 낮에는 간단한 식사를, 밤에는 맥주와 와인을 즐길 수 있는 술집이다. 삼목재로 만든 테이블과 의자가 인상적인 '스탠드STAND 시리즈'의 하나로, 근처 회사원들이 편안하게 이용하는 곳.

□ Landmark   □ Plaza·Atrium   □ Anchor   ■ Eat·Drink   □ Appreciate   □ Stay

SO TIRED

address 지요다구 마루노우치 1-5-1
신마루노우치 빌딩 7층(marunouchi) HOUSE
千代田区丸の内 1-5-1 新丸の内ビルディング
7 階 (marunouchi) HOUSE
opened 2007 operation Table Modern Service
produce heads design; interior Kata

가구라자카 '류코테이龍公亭'의 이다 류이치 셰프가 선보이는 정통 히로시마 요리 다이닝. 스테인드글라스를 사용해 거리의 일부 같은 통일성을 주었다. 류코테이(리뉴얼 후)도 이곳과 마찬가지로 야마모토 우이치가 프로듀스, 고 가타미 이치로가 디자인을 맡았다.

□ Landmark   □ Plaza·Atrium   □ Anchor   ■ Eat·Drink   □ Appreciate   □ Stay

HENRY GOOD SEVEN

address 지요다구 마루노우치 1-5-1
신마루노우치 빌딩 7층(marunouchi) HOUSE
千代田区丸の内 1-5-1 新丸の内ビルディング
7 階 (marunouchi) HOUSE
opened 2007 operation Table Modern Service
produce heads design; interior Wonderwall

마루노우치 하우스의 입구에 해당하는 장소로, 플로어의 이미지를 내세운 라운지와 같은 레스토랑. 가게 콘셉트는 '비즈니스 거리인 마루노우치답지 않은 디자인'. 장난기 넘치는 다채로운 공간을 만들었으며, 도쿄역을 바라볼 수 있는 테라스도 있다.

□ Landmark   □ Plaza·Atrium   □ Anchor   ■ Eat·Drink   □ Appreciate   □ Stay

라이무라이토 来夢来人

address 지요다구 마루노우치 1-5-1
신마루노우치 빌딩 7층(marunouchi) HOUSE
千代田区丸の内 1-5-1 新丸の内ビルディング
7 階 (marunouchi) HOUSE
opened 2007 operation 테이블비트
produce 쓰즈키 교이치

편집자 쓰즈키 교이치가 기획한 술집. 1970년대 변두리 뒷골목의 분위기를 재현하였으며, 여성 손님 한정(남성은 여성과 동반인 경우 입장 가능)이다. 월요일부터 토요일은 마루노우치 하우스의 다른 레스토랑과 마찬가지로 아침 4시까지 영업한다.

1 벽돌을 쌓은 건축물을 예전 장소에 복원. 뒤에 선 초고층 오피스와 한꺼번에 재개발하였다

■ Landmark   ■ Plaza·Atrium   □ Anchor   ■ Eat·Drink   ■ Appreciate   □ Stay

미쓰비시 이치고칸 미술관 三菱一号館美術館
마루노우치 파크 빌딩 丸の内パークビルディング

address 지요다구 마루노우치 2-6-1, 2 千代田区丸の内 2-6-1, 2
opened 2009 operation 미쓰비시지소 design; architecture 미쓰비시지소설계
homepage mimt.jp, www.marunouchi.com/top/bricksquare

1894년 준공한 마루노우치 최초의 오피스 빌딩인 '미쓰비시 이치고칸'을 2009년에 복원하여 미술관으로 만들었다. 영국인 건축가 조시아 콘도르의 설계를 바탕으로 한 건축은 1968년 해체되었으나, 그 공법과 구조 등 가능한 충실하게 복원했다. 내진 구조를 기반으로 벽돌을 쌓았고, 오두막 형태의 목조 지붕을 얹었다. 옛 은행 영업실과 통로 등의 공용 공간도 해체 시 회수했다. 보존되어 있던 부자재를 재이용하여 인테리어를 복원했다. 미술관 소장품도 로트레크의 그래픽 작품 등 19세기 말의 작품 중심으로 채워져 있다.

2 '이치고칸 광장'이라 불리는 안뜰. 영국식 정원을 중심으로 배치하였고, 다양한 종류의 식물로 가득하다
3 천장에 유리를 깔아 오두막 안쪽의 구조가 보인다
4 목제 창호를 단 창문과 벽돌을 쌓은 벽면
5 은행 영업실이었던 널찍한 부분은 '카페 1894'로 이용 중이다(사진은 카페 공사 전)

MID-EAST

075

■ Landmark   ■ Plaza·Atrium   □ Anchor   ■ Eat·Drink   ■ Appreciate   □ Stay

KITTE / JP타워 JPタワー

address 지요다구 마루노우치 2-7-2 千代田区丸の内 2-7-2
opened 2013 operation JP빌딩매니지먼트 JPビルマネジメント
design; architecture 미쓰비시지소설계, 구마 켄고 건축도시설계사무소(상업 공용부 내장) 등
homepage jptower-kitte.jp, jptower.jp

1 삼각형 모양에 5층 높이의 아트리움. 왼쪽이 보존 부분, 오른쪽이 신축 부분. 예전부터 있던 팔각형 단면의 기둥 등 공통된 모티브를 이용하여, 신구 디자인의 융합을 시도했다 2 보존 부분. 북쪽 1층의 일부에 초기의 타일을 재이용하였고, 그 외에는 새롭게 특수 제작한 것이다 3 북쪽에서 본 모습

1931년 준공한 도쿄중앙우체국을 일부 보존하여 복합시설로 재개발했다. 2차 대전 이전의 건축가 요시다 데쓰로에 의한 모더니즘 건축의 매력을 살리기 위해 도쿄역에 면해 있는 건물의 2스팬만큼은 보존해두고, 신축 부분과의 사이에 톱 라이트를 단 아트리움을 넣었다. 초고층 오피스 JP타워와 90개 이상의 점포가 들어선 상업시설 외에 보존 부분의 2~3층에 일본우편과 도쿄대학 종합연구박물관이 협동하여 만든 뮤지엄 '인터미디어테크'가 무료로 개방되어 있다. 보존 부분의 1층에 있는 우체국에는 예전의 모습이 남아 있다.

4 6층의 옥상정원 킷테KITTE 가든. 약 1,500㎡의 휴식 공간을 시민에게 개방하고 있다

5 일본우편과 도쿄대학의 산학 연계 프로젝트인 학술문화종합 뮤지엄 '인터미디어테크'의 전시 공간. 보존 부분의 골조를 그대로 드러낸 인테리어 설계는 도쿄대학 종합연구박물관, 단세이샤, 심플리시티SIMPLICITY가 담당했다

1 오테마치 타워 안에서 본 모습. 사업자 제안으로 지역공헌도에 따라 용적률이 더해지는 도시재생 특별지역구제도를 적용하여, 사업성과 사회공헌을 양립시켰다

☐ Landmark   ■ Plaza·Atrium   ☐ Anchor   ■ Eat·Drink   ☐ Appreciate   ☐ Stay

오테마치노모리 大手町の森

address 지요다구 오테마치 1-5-5 千代田区大手町 1-5-5
opened 2014
operation 도쿄 다테모노
design; interior 다이세이 건설

유라쿠초와 마루노우치에서 이어지는 나카도리의 연장선에 위치한 오테마치. 초고층 빌딩이 늘어선 이 거리에 약 3,600㎡ 넓이의 숲이 있다. 초고층 빌딩 '오테마치 타워'에 속한 공간이지만 단순한 구조물이 아닌 거리와 거리, 지상과 지하를 잇는 역할을 한다. 빠져나갈 수 있는 숲을 기점으로 하여 주변의 녹지와 빈 땅의 네트워크를 만드는 것을 목표로 한다. 지하 상업시설 위로 약 200그루의 큰 나무가 심어져 있다. 자연스러운 숲을 만들기 위해 '혼동, 소밀, 이령림'을 모토로 다양한 종류의 나무를 하나씩 배치하였다.

2, 3, 4 부지의 약 3분의 1에 달하는 3,600㎡ 넓이에 흙을 쌓고 나무를 심었다. 수목의 약 3분의 1은 지바현 기미쓰시에 만든 생육실험시설 '프레포레스트'에서 3년간 재배한 뒤 옮겨 심은 것
5 타워 상층부에는 아만 리조트 그룹이 경영하는 호텔 '아만 도쿄', 1층에는 '더 카페 by 아만'이 있다. 지하에는 상업구역인 '오테모리OOTEMORI'가 있다.

YANESEN NORTH | EAST RIVERSIDE | **MID-EAST** | MID-WEST | 079 | WEST URBAN | WEST HILLSIDE | SOUTH WATERFRONT

■ Landmark ■ Plaza·Atrium □ Anchor □ Eat·Drink □ Appreciate ■ Stay

호시노야 도쿄 星のや東京

address 지요다구 오테마치 1-9-1 千代田区大手町1-9-1
opened 2016 operation 호시노 리조트
design; architecture 미쓰비시지소설계 NTT 퍼실리티 JV
;ryokan planning&interior 아즈마 칸지 + 건축사무소
;landscape direction 온사이트 계획설계사무소
homepage www.hoshinoresort.com

1 료칸의 분위기는 현관에서부터 시작된다. 숙박객은 여기서 신발을 벗어 신발장에 넣는다. 그 앞으로 복도부터 객실까지 다다미와 마룻바닥이 이어진다. 객실 체크인도 이전의 료칸 스타일 그대로이다.

2 지상 18층의 좁고 긴 건물로, 3층부터 16층까지의 객실 수는 총 84개이다. 외관 디자인은 전통적인 찬합을 모티브로 한 것. 기모노의 고급 문양을 연상케 하는 무늬를 한 면에 넣었다. 나무가 늘어선 곳은 호시노야 도쿄의 앞뜰임과 동시에 도시의 광장 역할을 하도록 세심하게 디자인하였다 **3** 객실은 다다미를 깔았으나, 바닥에 앉지 않고 지낼 수 있도록 낮은 의자를 준비하였다 **4** 최상층에는 천연온천을 즐길 수 있는 목욕탕. 그 앞에 노천탕도 있다

현대 도심에 어울리는 형태로 진화시킨 본격적인 고급 료칸으로 도쿄 오테마치의 오피스 거리에 개업했다. 가루이자와, 다케토미섬 등 관광지에 입지한 고급 리조트 호텔을 세워온 호시노 리조트가 새로운 시도를 한 것이다. 시설 디자인과 서비스 양면에서 호텔과는 다른 료칸의 국제적인 인지도를 높이려는 목적도 있다. 한 층에 6실, 그리고 층마다 숙박객의 공용 휴식 공간을 두었다. 각 층의 이런 '작은 료칸'이 14층으로 이루어진 탑 형태의 일본 료칸으로 구성했다.

☐ Landmark   ■ Plaza·Atrium   ☐ Anchor   ☐ Eat·Drink   ☐ Appreciate   ☐ Stay

히비야화단 히비야공원점(플라워숍H)
日比谷花壇 日比谷公園店

address 지요다구 히비야공원 1-1 千代田区日比谷公園 1-1
opened 2009 **operation** 히비야화단
design; architecture 이누이 구미코 건축설계사무소

히비야 공원 안에 자리한 노포 꽃집의 선두주자. 소유자는 도쿄도로, 1950년 출점 당시 도지사의 요청으로 공원 안에 가게를 열었다. 규모와 높이를 기존 건물과 같거나 그 이하로 한다는 조건으로 재건축한 것이다. 전체를 다섯 개의 동으로 나누었고, 두꺼워지기 쉬운 화강암을 쓰면서도 얇게 느껴지도록 디테일을 연구하여 가볍고 산뜻한 건물로 완성했다. 또 천장 높이에 최대한 가깝도록 유리창을 각 동의 사방에 설치하여 공원과의 일체감이 느껴지는 개방적인 공간으로 만들었다.

1 기존 점포의 옥상을 포함하여 최고 높이 7.5m를 유지한 채, 건축 면적 약 100㎡를 다섯 동으로 나누었다. 이것은 주변 빌딩 지역의 이미지를 따온 것이기도 하다. 외벽의 화강암은 남동쪽의 닛세이 극장의 질감과 색조를 의식하여 정했다

1 긴자 디자인 룰이라 불리는 규제에 따른 최대 높이 66m 크기의 건물. 스키야바시 사거리에 면하여 세워졌으며, 125개 점포가 들어섰다 **2** 아래 2층에는 가게마다 외장 디자인을 하여, 거리 풍경과의 조화를 꾀했다

■ Landmark　■ Plaza·Atrium　□ Anchor　■ Eat·Drink　■ Appreciate　□ Stay

도큐 플라자 긴자 東急プラザ銀座

address 주오구 긴자 5-2-1 中央区銀座 5-2-1
opened 2016 operation 도큐부동산
design; architecture 닛켄설계
homepage ginza.tokyu-plaza.com

랜드마크의 역할을 중시하여, 전통 유리공예(에도기리코)를 모티브로 한 입체 유리로 건물 외관을 표현하는 데 힘을 기울였다. 유리공예 장인을 찾아가 배치와 표면, 반사 등에 대한 자문을 구한 뒤 디자인한 것이다. 긴자의 거리에 녹아들면서, 안팎의 북적거림이 서로 전해지도록 하려는 목적도 있다. 유리 너머로 거리를 바라볼 수 있는 6층과 옥상에 휴식 공간도 마련해두었다. 긴자 내에서의 공적인 면을 염두에 두면서, 거리와의 공존을 꾀하는 상업시설로 자리 잡았다.

3, 4 건물 안에는 6층(높이 약 27m) 높이까지 트인 공간이 있고, 6층의 '기리코 라운지', 옥상의 '기리코 테라스' 두 개의 휴식 공간이 있다. 각각 카페를 운영 중이다. 전체 내부 디자인에는 인픽스, 내부 설계는 단세이사가 협력하였다

□ Landmark   □ Plaza·Atrium   □ Anchor   ■ Eat·Drink   ■ Appreciate   □ Stay

METoA Ginza

address 주오구 긴자 5-2-1 도큐 플라자 긴자 안 中央区銀座 5-2-1 東急プラザ銀座 内
opened 2016 operation 아이플라넷(전체), 킵 윌 다이닝(카페)
planning; 미쓰비시 전기 produce&design; interior 구보타 건축도시연구소
homepage www.metoa.jp

1층 Me's CAFE&KITCHEN. 마치다와 사가미하라에 거점을 둔 킵 윌 다이닝이 운영한다

미쓰비시 전기가 다양한 사업 인지도를 높이기 위해 도큐 플라자 긴자의 남쪽 코너 1~3층에 고객과의 커뮤니케이션 공간을 만들었다. 시설의 테마는 '만남'. 기업과 고객의 만남뿐만 아니라 미쓰비시 전기의 기술·서비스와 아트, 문화가 만나는 장소로, 단기간에 끝나지 않는 체험형 이벤트를 개최하면서 기업 가치의 향상을 노린다. 설계를 담당한 구보타 건축도시연구소는 시설의 기획 및 프로듀스와 전체적인 사업의 계획을 담당하고, 앞으로의 이벤트 기획에도 관여한다.

2 1층 입구

3 2층에는 64면의 55인치 액정 디스플레이를 사용한 폭 19.4m×높이 2.7m의 멀티 모니터를 설치

4 남쪽 3층의 모습. 3층은 자유롭게 이용할 수 있는 체험존이다

5 만남이라는 테마에서 시작해 '조합하다', '합치다', '겹치다'라는 콘셉트로 공간을 디자인했다. 엘리베이터 샤프트 벽면에는 두 장의 허니콤 패널을 겹쳐 꽃무늬가 만들어지도록 하였다

1 가게 중앙에는 대리석으로 만든 긴 카운터가 있다. 신선한 식재료를 살려 올리브오일을 듬뿍 쓴 건강한 그리스 요리는 지중해 요리의 하나로 유네스코 무형문화유산에 등록되어 있다

☐ Landmark ☐ Plaza·Atrium ☐ Anchor ■ Eat·Drink ☐ Appreciate ☐ Stay

THE APOLLO

address 주오구 긴자 5-2-1 도큐 플라자 긴자 11층 中央区銀座 5-2-1 東急プラザ銀座 11階
opened 2016 produce&operation 트랜지트 제너럴오피스
design; interior 조지 리비시어니스
homepage theapollo.jp

호주 시드니의 모던 그리스 레스토랑이 스키야바시 사거리에 면해 있는 도큐 플라자 긴자의 11층에 오픈했다. 호주에서 인테리어상을 받은 시드니점과 같은 디자이너가 긴자점도 작업했다. 회색을 바탕으로 한 내부는 심플하고 세련되면서도 유적을 모티브로 하는 등 그리스의 역사와 풍경을 떠오르게 하는 상징적인 표현을 시도하였다. 커다란 창문 아래로 펼쳐진 긴자의 모습도 즐길 수 있다.

2 천장의 마감을 완성시키지 않아 거친 인상을 주면서도 시드니점과 같은 의자와 조명을 사용해 우아한 분위기도 낸다
3 콘크리트로 만든 비슷등한 기둥의 표면은 카운터의 대리석과 어울리도록 얼룩무늬를 넣었다

☐ Landmark ☐ Plaza·Atrium ☐ Anchor ■ Eat·Drink ☐ Appreciate ☐ Stay

Agnès B Rue du Jour

address 주오구 긴자 3-7-1 마쓰야긴자 마로니에도리관 中央区銀座 3-7-1 松屋銀座マロニエ通り館
opened 2015 operation 아네스베 재팬
design; interior 서포츠 디자인오피스
homepage japan.agnesb.com

1 하얀 타일을 깐 벽을 배경으로 검은색 철제 카운터가 눈에 띈다 2 소재를 소중히 여기는 브랜드에 걸맞게 긴자의 변화가지만 외관에 나무를 사용했다. 카페 쪽에도 출입구가 있다

프렌치 캐주얼 패션 브랜드 '아네스 베'의 모든 제품을 판매하는 곳. 1층 안쪽에 카페 '르 카페 드 주르LE CAFE DU JOUR'를 운영하며 이곳에서만 마실 수 있는 오리지널 커피 등을 제공한다. 카페와 숍은 구역이 나뉘어 있지 않아 부드럽게 이어지며, 모두 동등하게 아네스 베의 세계임을 고객에게 전한다. 심플한 가운데 나무, 철, 타일, 유리 등의 소재가 만드는 공간도 브랜드 이미지와 직결한다.

4 긴 카운터의 앞에서는 카페 손님을 맞이하고, 안에서는 가게 손님의 계산을 돕거나 상품 포장을 한다. 양쪽이 같은 선상에 있는 것도 이 가게를 상징하는 요소 중 하나

3, 5 카페는 도쿄 산겐자야의 옵스큐라 커피 로스터스OBSCURA COFFEE ROASTERS가 감수를 맡았다. 가게 이름은 1975년 오픈한 파리 1호점이 있는 거리의 명칭에서 따온 것

☐ Landmark　■ Plaza·Atrium　☐ Anchor　■ Eat·Drink　■ Appreciate　☐ Stay

SHISEIDO THE GINZA

address 주오구 긴자 7-8-10 中央区銀座 7-8-10
opened 2011 **planning; operation** 시세이도 produce 덴쓰, 덴쓰테크
design; interior 클라인 다이섬 아키텍처(기본), 노무라 공예사(실시)
homepage stg.shiseido.co.jp

1 2011년에 선언한 '시세이도-긴자 미래 계획'의 중심 시설로, 빌딩 설계는 아시하라 다로 건축사무소에서 맡았다. 하나쓰바키도리를 끼고 맞은편에 선 도쿄 긴자 시세이도 빌딩의 일부를 리뉴얼한 것으로, 순차적으로 같은 구역에 있는 본사 빌딩의 재건축도 진행했다

시세이도가 창업을 시작한 긴자에서 브랜딩의 거점으로 삼은 종합미용시설. '미용'을 테마로 생활을 아름답고 풍요롭게 한다는 창업 당시의 이념을 알리기 위한 곳이다. 1층은 쇼핑 본연의 즐거움을 추구하여 마르셰(시장)를 테마로 디자인했다. 또 유리창으로 거리와의 일체감을 갖는다. 2층에는 카운슬링을 위한 라운지형 매장과 헤어&메이크업 살롱, 포토 스튜디오가 있고 3층에는 최상급 브랜드를 다루는 매장과 에스테틱 살롱 등이 있다. '미래를 만드는 실험장'을 모토로 운영하고 있다.

2 서양의 광장을 이미지화한 1층의 '뷰티 마르셰'. 다양한 소비자의 취향에 맞춰 상품을 브랜드가 아닌 카테고리별로 진열했다. 주위에는 브랜드 스토리를 응축시켜 표현한 4개의 작은 방이 있다

3 2층의 '아름다운 피부 라운지'. 외국의 고풍스러운 조제약국 등을 디자인 모티브로 삼았다
4 3층의 '에스파스 클레 드 포 보테'. 중앙의 조명은 스와로브스키의 크리스털을 사용한 특수 제작품이다

■ Landmark ■ Plaza·Atrium □ Anchor ■ Eat·Drink ■ Appreciate □ Stay

GINZA KABUKIZA

address 주오구 긴자 4-12-15 中央区銀座 4-12-15
opened 2013 **operation** 가부키좌
design; architecture 미쓰비시지소설계, 구마 켄고 건축도시설계사무소
homepage www.kabuki-za.co.jp

1 긴자를 관통하는 세이카이도리에 면한 입구. 철근 콘크리트로 만든 네 번째 가부키좌의 상징적인 디자인을 PC(프리캐스트 콘크리트), 알루미늄, GRC(유리 섬유 강화 콘크리트) 등으로 재현했다 **2** 4층. 왼쪽에는 가부키좌 갤러리(유료)가 있다. 오른쪽의 400㎡ 크기의 옥상정원은 무료로 개방되어 있다 **3** 총 좌석 수 1,964개의 극장 내부. 어떤 자리에서도 보기 편하도록 객석의 앞뒤 간격을 넓혔으며, 2층 객석의 경사도도 변경했다

가부키의 전당으로 오랜 역사를 지닌 가부키좌의 다섯 번째 건축. 초고층 오피스와 한꺼번에 재개발하면서 극장의 옥상에는 정원을 신설했다. 극장이 거리의 일부였던 시절의 문화를 중요시하며 '연극 거리'의 부흥을 의식한 시설이다. 상징적인 외관을 시작으로, 건축가 요시다 이쇼야에 의한 네 번째 가부키좌의 디자인을 따랐으며 철골조 건물로 재현했다. 극장의 기능을 현대 수준으로 끌어올린 것 외에 '가부키좌 갤러리'와 지하철 입구와 바로 연결되는 상점 및 티켓 판매처가 있는 '고비키초 광장' 등의 관련 시설을 확충하였다.

1 니혼바시 다리 앞에 바로 서 있는 고쿠분 본사 빌딩의 1층을 리노베이션하였다. 도쿄다운 트렌디한 가게는 과거의 시간과 교차하며 새로운 분위기를 자아낸다

□ Landmark   □ Plaza·Atrium   □ Anchor   ■ Eat·Drink   □ Appreciate   □ Stay

니혼바시 이치노이치노이치
ニホンバシ イチノイチノイチ

address 주오구 니혼바시 1-1-1 고쿠분 빌딩 1층 中央区日本橋 1-1-1 国分ビル 1階
opened 2008 operation 제톤
design; interior NAP건축설계사무소
homepage www.nihonbashi111.jp

번지수를 그대로 가게 이름으로 한 일식 레스토랑. 니혼바시 다리 옆에 있어 400년 역사를 자랑하는 중요문화재를 감상할 수 있다. 카운터, 테이블석, 박스석뿐만 아니라 테라스석도 있어 용도에 따라 선택할 수 있다. 특히 테라스석은 니혼바시 다리를 가까이서 볼 수 있는 특등석. 눈앞에 니혼바시강이 흐르고, 그 위로는 수도고속도로가 달린다. 빌딩 소유주인 고쿠분 그룹이 이곳에서 주류·식품 도매업을 한 지 약 300년. 엄선된 일본주나 소주와 함께 일본 각지의 향토요리를 맛볼 수 있다.

2, 3 내부는 시크하고 편안한 분위기이면서 동시에 '스릴감'을 자아내는 요소로 연출하였다

□ Landmark   ■ Plaza·Atrium   □ Anchor   □ Eat·Drink   □ Appreciate   □ Stay

COREDO 니혼바시 아넥스 광장
COREDO日本橋アネックス広場

address 주오구 니혼바시 1-4-1 中央区日本橋 1-4-11
opened 2005(리뉴얼) operation 미쓰이부동산
produce 하쿠호도 design; landscape 온사이트 계획설계사무소, 오픈 에이

1 옛 광장의 단차를 살리면서 구름 형태의 우드 데크를 설치했다. 데크 위와 주변으로는 유리로 만든 원형 테이블과 의자를 배치하였다. 실내에 있는 듯한 느낌을 주는 도구들로 편안함을 제공한다. 큐브 형태의 플랜트 박스에 벚꽃을 심었다 **2** 센서가 달린 조명기구를 설치하여 저녁 이후 유리 테이블에 다가가면 불이 켜진다. 그 전까지는 광장을 가로질러 가는 사람이 대부분이었으나 지금은 언제나 사람들이 찾는 장소로 바뀌었다

니혼바시 사거리에 있는 '코레도COREDO 니혼바시'의 북쪽에 있는 공터를 재정비한 광장이다. 에이타이도리에 면한 건물의 남쪽과 비교했을 때 상대적으로 북쪽은 사람들이 많이 드나들지 않아 활기차지 못했다. 그래서 사업자 측은 개업 1주년(2005년 봄)에 맞춰 활성화 방안을 모집했다. 그 결과, 랜드스케이프 디자이너 하세가 히로키 씨, 건축가 바바 마사타카 씨, 광고회사 하쿠호도의 크리에이티브 프로듀서 가지타니 다쿠세이 씨가 제안한 방안이 채택되었다. 그 제안은 바로 인근 회사원이 미팅이나 식사 시 이용할 수 있는 의자와 테이블, 데크를 설치하자는 것. 호텔 라운지와 같은 광장으로 만들자는 아이디어가 실현되어 지금은 언제나 사람들이 모이는 공공장소로 다시 태어났다.

☐ Landmark ■ Plaza·Atrium ☐ Anchor ■ Eat·Drink ☐ Appreciate ☐ Stay

2k540 AKI-OKA ARTISAN

address 다이토구 우에노 5-9 台東区 上野 5-9
opened 2011 **operation** JR동일본도시개발
design; architecture 고켄설계
homepage www.jrtk.jp/2k540

1 20세기 초 건설된 교각이 둥글고 들보가 없는 '플랫 슬래브' 구조의 철도고가 아래의 공간을 활용했다. 다양하게 활용할 수 있는 행사 공간도 갖추고 있다. 시설 이름인 '2k540'은 도쿄역에서 2,540m 거리에 있음을 나타내는 철도 용어에서 따온 것이다.

2, 3, 4 거리 분위기에 변화를 주기 위해 건물 배치에 공을 들였다. 근처의 우에노는 국립서양미술관과 도쿄예술대학 등이 위치한 예술 거리. 오카치마치역 주변은 가죽산업으로 유명한 곳으로, 귀금속 공방과 도매상 등이 많다. 또 아키하바라는 서브컬처의 중심지이기도 하다. 수작업으로 정성 들여 만들어낸 '물건'에 흥미를 갖고, 그 가치를 이해하는 잠재 고객이 많을 것이라 예상하여 점포 유치를 진행했다

JR아키하바라역과 오카치마치역을 잇는 고가선로 아래의 남북 방향 약 160m, 면적 약 5,000㎡의 공간을 개발하여 만든 상업시설. 철골조로 만든 17동의 단층 건물로 구성되어 있다. 한 동에 최대 5개의 소규모 가게를 배치하였고 사방으로 통로를 만들어 산책할 수 있는 '거리'의 즐거움을 연출하였다. 가게는 귀금속과 가죽제품 도매상이 모이는 지역의 특징을 고려하여 선택하였다. '물건 만들기'를 메인 테마로 하여 관련 제품의 제작 및 판매하는 숍이나 동서양 잡화 셀렉트 숍 등이 모여 있다.

☐ Landmark ■ Plaza·Atrium ☐ Anchor ■ Eat·Drink ■ Appreciate ☐ Stay

3331 Arts Chiyoda

address 지요다구 소토칸다 6-11-14 千代田区外神田 6-11-14
opened 2010(리노베이션) operation 커맨드 A
produce 하쿠호도 design; interior 사토 신야+메지로 스튜디오
homepage www.3331.jp

1, 2 시설의 공공 기능을 상징하는 계단 형태의 데크 공간 **3** 전체 길이 약 25m인 1층 커뮤니티 스페이스. 옛 중학교 의자를 재이용하였고 칠판도 그대로 두었다. 오른쪽의 갤러리는 벽과 바닥을 흰색으로 통일하여 마치 화이트 큐브 같다. 2층의 체육관은 300명을 수용할 수 있는 이벤트 공간이다

폐교가 되어 비어 있던 렌세이 중학교를 리노베이션하여 아트센터로 만들었다. 아티스트가 주도하고 민간이 주체가 되어 다양한 스타일의 공간으로 활용하고 있다. 근처의 렌세이 공원과 함께 이용되길 바라며 계단 형태의 긴 목제 데크를 깔아 올리고 전면에 유리창을 단 1층의 커뮤니티 스페이스까지 이어지도록 개방적인 환경을 만들었다. 커뮤니티 스페이스는 교무실이었던 곳이고, 안쪽의 갤러리는 식당을 수리한 것이다. 지하와 2~3층의 교실은 그대로 남겨두어 가게로 사용하고 있다.

1 아치 부분에는 천장과 조명기구를 설치하지 않고, 구조물의 특징을 그대로 내부 공간에 드러내고 있다 **2** 벽돌 벽, 철제 형교, 콘크리트 등 각기 다른 소재가 드러나는 곳도 있다. 쌓여온 세월의 길이를 말해준다 **3** 플랫폼이었던 장소에 유리벽을 세운 전망 데크와 카페가 있다

■ Landmark   ■ Plaza·Atrium   □ Anchor   ■ Eat·Drink   □ Appreciate   □ Stay

마치 에큐트 간다만세이바시
マーチエキュート神田万世橋

address 지요다구 간다스다초 1-25-4　千代田区神田須田町 1-25-4
opened 2013 operation JR동일본 스테이션 리테일링, 동일본철도문화재단
design; 동일본여객철도, JR동일본 건축설계사무소, 미캉구미
homepage www.maach-ecute.jp

간다강에 놓인 만세이바시 옆, 옛 만세이바시역과 인접한 구름다리를 상업시설로 리노베이션했다. 메이지 시대에 만들어진 고가부의 벽돌 벽과 아치 구조, 계단을 살려 다양한 숍과 이벤트 공간, 도서관 등을 배치했다. 구조물의 특징이 이 공간의 매력이 되었다. 신구의 건축과 토목기술이 융합되어 여러 가지 역사적인 흔적을 체험할 수 있다. 간다강에 면한 데크와 옛 플랫폼을 정비해 마련한 전망 카페 등 주변 도시 환경과 잘 어우러지는 모습이다.

4 동시에 재개발이 진행된 앞쪽의 오피스 빌딩의 광장과 하나가 된 외부 공간. 가교 위로는 JR주오선이 달린다
5 아치 아래 공간에 가게가 늘어서 있다. 간다강을 향해 있는 데크는 공용 공간으로 개방되어 있다

□ Landmark □ Plaza·Atrium □ Anchor ■ Eat·Drink □ Appreciate □ Stay

Cawaii Bread&Coffee

address 주오쿠 핫초보리 2-30-16 中央区八丁堀 2-30-16
opened 2014 produce&operation 가와이 팩토리
design; architecture 니시자와 류에 건축설계사무소
homepage www.cawaiibreadandcoffee.com

1 길 쪽으로 난 문의 정면. 도시마 미술관을 작업하고 국제적으로도 활약하는 건축가 니시자와 류에가 설계했다

2 아라베스크 벽지는 이 가게만을 위한 오리지널 디자인. 운영자인 가와이 팩토리는 핫초보리를 거점으로 예술과 디자인 관련 출판물을 기획·편집·제작하는 창작 집단이다. 매일 들를 수 있는 빵집이 사무실 근처에 있으면 좋겠다는 바람을 이루었다 **3, 4** 가게 안쪽의 빵 공방. 가스식 복사열 가마 오븐을 갖춘 본격적인 빵집으로 경영하고 있다 **5** 강 너머로 본 모습. 가게가 붐비는 시간대를 고려해 2016년 여름 야외 데크에 난간 겸 카운터를 설치하였다. 가까이서 강을 느끼며 휴식을 즐길 수 있는 스탠드석을 만들어 가게를 확장시켰다

원래 인쇄공장이었다가 그 후 차고로 사용되던 곳을 공방 겸 빵과 커피 가게로 리노베이션했다. 건물은 주오구를 흐르는 가메지마강 근처로, 가게 뒤쪽으로도 문이 나 있다. 데크 부분에 카운터를 새로 만들어 강을 더욱 가까이서 느끼며 커피를 마실 수 있다. 판매하는 모든 빵은 수제로 '만드는 사람과 사는 사람의 교류'를 테마로 하였으며, 가게 안에서 빵을 만드는 모습을 유리 너머로 볼 수 있다.

1 사거리에 면하여 서 있다. 벽화는 이노우에 준의 작품 **2** 사운드&바 '하울HOWL'에는 음악가 호리카와 요시가 건축음향을 맡고, 진공관 앰프, 스피커 디자인 전문가가 관여하였다. DJ, 클럽 같은 이벤트도 열린다

■ Landmark ☐ Plaza·Atrium ☐ Anchor ■ Eat·Drink ☐ Appreciate ■ Stay

WISE OWL HOSTELS TOKYO

address 주오구 핫초보리 3-22-9 中央区八丁堀 3-22-9
opened 2016 operation 셰어컴퍼니
design; interior WAM 건축사무소
homepage wiseowlhostels.com

핫초보리역 앞 사거리의 모퉁이에 지어진 지 50년 된 빌딩을 다양한 객실을 갖춘 호스텔로 재탄생시켰다. 호스텔 이름은 '부엉이(owl)처럼 현명하게 도쿄를 밤까지 즐긴다'는 콘셉트에서 지은 것으로, 이름을 대변하듯 수리부엉이가 주인의 자리에 놓여 있다. 전 세계에서 찾아오는 사람들의 교류의 장이자, 야행성 여행객을 위해 밤에도 편하게 놀 수 있는 거점이 되어주고 있다. 외벽의 벽화, 음향의 질에 신경 쓴 바 등 수준 높은 고객을 위한 환경을 만들고 있다.

3 1층에는 산겐자야의 옵스큐라 커피 로스터스의 커피콩을 사용하는 커피 스탠드와 이케부쿠로에 거점을 둔 그립 세컨드가 운영하는 술집 '후쿠로'가 있다
4 여럿이 쓰는 도미토리 타입
5 가구가 구비되어 있는 최상층의 레지던스
6 1층 로비

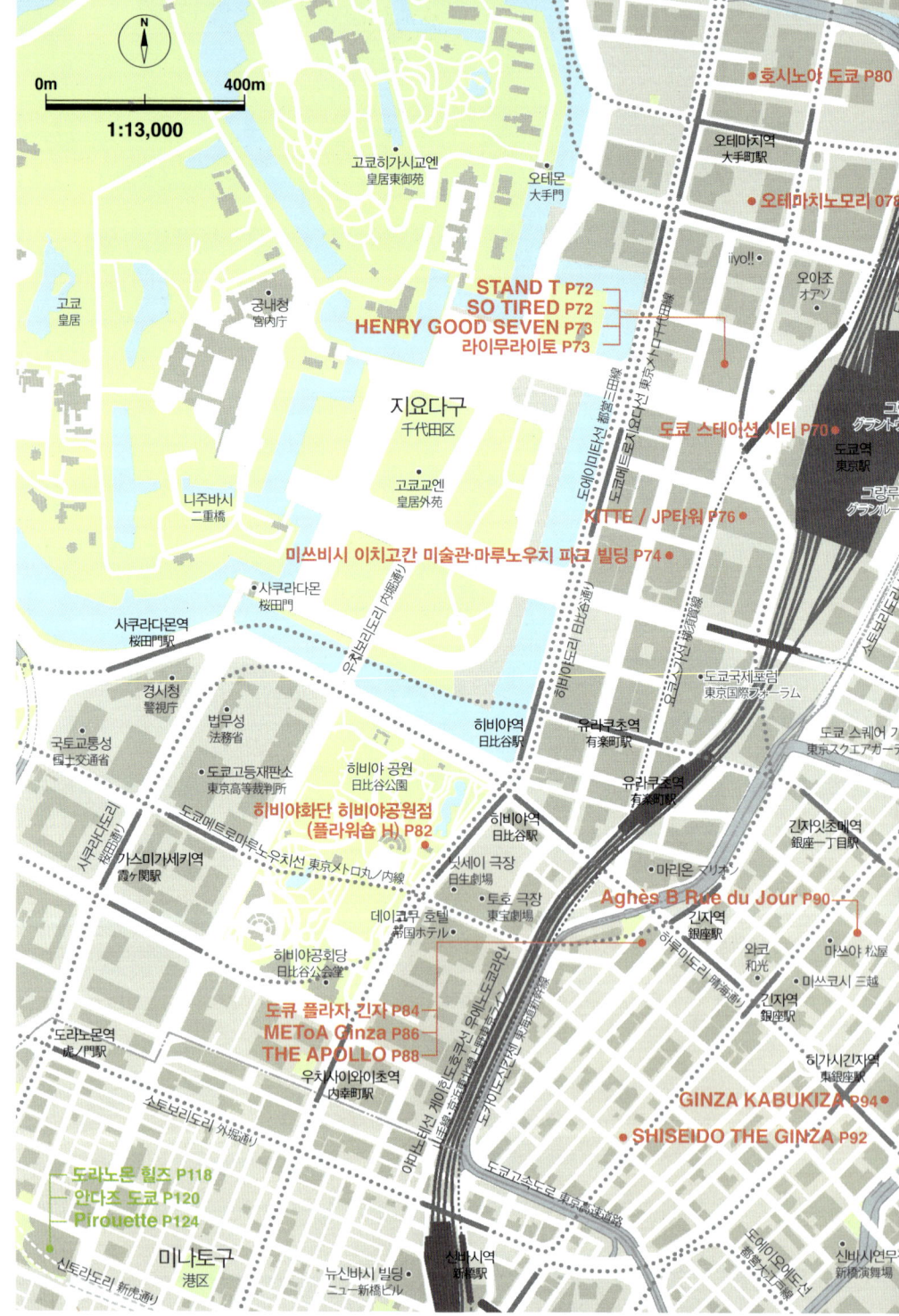

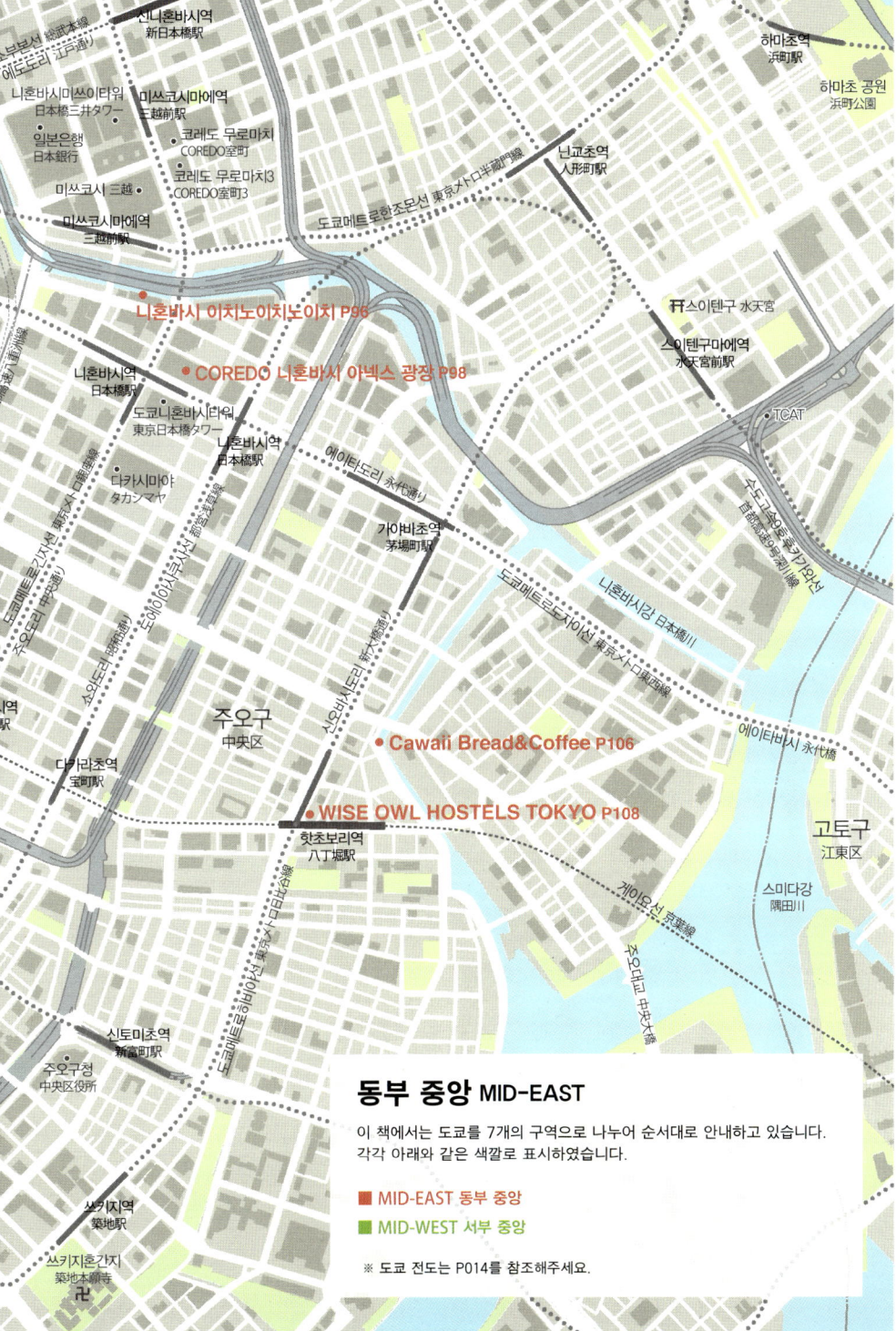

MID-WEST

서부 중앙

롯폰기, 도라노몬의 대규모 재개발로 2000년대부터 2010년대 사이에 크게 변화를 겪은 후, 지금도 아카사카를 포함하여 계속 변하고 있는 일대. 반드시 함께 존재하는 미술관과 호텔, 풍요로운 녹음에 둘러싸인 환경 등 복합적인 개발 속에서 태어난 장소가 눈길을 끌고 있다. 타운 매니지먼트가 잘된 재개발 구역의 바깥쪽으로 얼마나 독특한 느낌을 내는 스폿들이 생겨나며, 또 그것들이 어떻게 서로 연계하고 조화를 이룰지 기대된다.

■ Landmark   ■ Plaza·Atrium   □ Anchor   ■ Eat·Drink   ■ Appreciate   □ Stay

la kagu

address 신주쿠구 야라이초 67 新宿区矢来町 67
opened 2014 operation 사자비 리그
design; direction 구마 켄고 건축도시설계사무소 ;architecture 시미즈 건설
homepage www.lakagu.com/store

1 도로 쪽에서 2층 높이까지 우드 데크로 덮었다. 벼룩시장 등 이벤트에도 활용된다

2 1층에는 패션, 생활용품 등을 판매하는 가게와 긴 테이블이 늘어선 카페가 들어서 있다. 채광을 위해 도로와 인접한 서쪽에 새롭게 창을 설치했다

가구라자카역이 있는 신주쿠구 야라이초에 본사를 둔 출판사 신초샤의 서적창고를 상업시설로 리노베이션하였다. 가구라자카는 골목과 언덕이 많아 워커블 시티(걸으며 즐기는 지역) 만들기를 목표로 해왔다. 이 지역의 주민이자 디자인 감수를 맡은 건축가 구마 켄고는 가구라자카의 매력을 이끌어내기 위해 지형에 맞춘 계단 형태의 우드 데크 설치를 제안했다. 부지의 절반 정도의 면적을 공용 공간으로 개방하고 있다.

3 도쿄 메트로 도자이선 가구라자카역 출구의 바로 앞에 위치해 있다. 역에서 보면 오르막길인 지형. 예전 서적창고는 1960년대에 생긴 건물로, 건물의 외관과 내부에는 대부분 손을 대지 않고 원래 느낌을 살렸다

4 '큐레이션 스토어'라고 칭하는 판매장에는 각종 안목 있는 상품들이 진열되어 있으며, 시대에 좌우되지 않는 가치를 제안한다. 2층에서는 아치 형태의 트러스 보 등 서적창고였던 시절의 구조를 그대로 보여준다. 전시장 일부에는 서적창고에서 사용하던 책장을 이용하기도 했다

■ Landmark   ■ Plaza·Atrium   □ Anchor   ■ Eat·Drink   □ Appreciate   ■ Stay

도쿄 가든테라스 기오이초
東京ガーデンテラス紀尾井町

address 지요다구 기오이초 1-2 외 千代田区紀尾井町 1-2 ほか
opened 2016 operation 세이부 프로퍼티스
planning&consulting design 닛켄설계 homepage www.tgt-kioicho.jp

1 호텔 '더 프린스 갤러리 도쿄 기오이초'로 들어가는 기오이 타워. 입구 앞은 '꽃의 광장'이라 부른다

반세기 이상 아카사카 프린스 호텔로 친숙했던 장소를 재개발하여 오피스·호텔, 주택, 사업 구역, 아카사카 프린스 클래식 하우스로 이루어진 신구가 융합한 시설을 만들었다. 약 18m인 동서의 고저차와 풍부한 녹음을 살려 특징이 다른 광장을 각 곳에 만들었다. 구관이라 불리던 '아카사카 프린스 클래식 하우스'는 1930년 완성한 과거 대한제국의 황족이 머물던 사택으로, 도쿄도가 지정한 유형문화재이다. 이것을 해체하지 않고 그대로 프린스도리 옆으로 이동시켜 누구나 쉽게 역사를 체험할 수 있도록 하였다.

2 이 토지에서 호텔을 경영해온 세이부 그룹의 상징이자 역사적 건물 '아카사카 프린스 클래식 하우스'. 보호와 활용이라는 두 가지 목표를 위해 해체하지 않고 그대로 이동시켜 보존하고 있다

3 부지 북쪽에 위치한 '빛의 숲'. 시미즈다니 공원과 주변 녹지에 연결되는 친환경 네트워크의 거점이다

4 벤케이 해자를 따라 난 산책로. 아카사카 문이 있던 터의 돌담을 볼 수 있다

5 최상층인 36층의 '올데이 다이닝 오아시스 가든ALL-Day Dining Oasis Garden'

1 2층 아트리움. 4층 높이로 트인 공간으로, 오른쪽에 음식점이 줄지어 있다. 1층부터 4층까지 음식을 중심으로 한 상업시설이 들어섰다. 4층부터 5층까지는 국제적인 업무를 위한 회의실을 배치하였다 **2** 지상 52층, 높이는 247m이다

■ Landmark   ■ Plaza·Atrium   □ Anchor   ■ Eat·Drink   □ Appreciate   ■ Stay

도라노몬 힐즈 虎ノ門ヒルズ

address 미나토구 도라노몬 1-23-1~4 港区虎ノ門 1-23-1~4
opened 2013 operation 모리빌딩
design; architecture 니혼설계
homepage toranomonhills.com

'국제신도심'의 자리를 위해 정비가 진행 중인 도라노몬 지역. 도라노몬 힐즈는 그 중심이 될 역할을 담당하며 먼저 완성되었다. 주거, 오피스, 상업시설 등으로 구성되며 47층부터 52층에는 일본에 처음 진출한 하얏트 계열의 5성급 호텔 '안다즈 도쿄'(P120)가 들어섰다. 순환2호선의 연장에 따라 도로 위를 건물 부지로 쓸 수 있는 '입체도로제도'를 적용하였다. 지상에는 애칭 '신토라도리'라 부르는 폭이 최대 13m에 달하는 보행자 길을 확보했다. 도쿄도가 가로수와 자전거도로를 정비하여 '도쿄 샹젤리제 프로젝트'의 첫 번째 사업으로 오픈 카페를 시도하기도 했다.

3, 4 서쪽 발밑에 펼쳐진 오벌 광장. 바로 밑을 달리는 순환2호선 본선의 기울기에 따르는 형태로, 오목하게 경사가 져 있다. 라이브 이벤트나 요가 스쿨 등 여러 가지로 활용된다. 건물 밑으로 6,000㎡ 넓이의 공터가 있다. 남쪽에는 이 지역의 자생식물을 모아 계단식 정원을 만들었다

□ Landmark   □ Plaza·Atrium   □ Anchor   ■ Eat·Drink   □ Appreciate   ■ Stay

안다즈 도쿄 アンダーズ東京

address 미나토구 도라노몬1-23-4 港区虎ノ門 1-23-4
opened 2014 **operation** Hyatt International – Asia Pacific
design; interior tony chi and associates, SIMPLICITY, 니혼설계
homepage tokyo.andaz.hyatt.com

1 톱 라이트를 단 51층 메인 다이닝 '안다즈 타번'. 다이닝과 바&라운지는 명확하게 구분하지 않고 넓은 한 공간으로 만들었다

안다즈는 하얏트 그룹이 세계 각 도시에 세운 고급스럽고 개성적인 호텔 브랜드이다. 안다즈 도쿄는 도라노몬 힐즈(P118)의 최고층에 위치하며 객실은 총 164개이다. 기존 호텔의 구조에서 벗어나 더욱 개인적인 공간으로 만들었으며 자연스럽게 쉴 수 있는 서비스를 제공한다. 공간 디자인은 뉴욕의 토니 치 씨를 중심으로 오가타 신이치로 씨(SIMPLICITY)도 참여. 일본 전통 종이와 호두나무를 사용하여 심플하면서 일본 분위기를 물씬 내는 인테리어로 완성했다.

2 도쿄 타워가 보이는 '안다즈 타워뷰 킹(트윈)'

3 1층에 있는 '페이스트리 숍'. 먹고 가는 것도 가능하여 카페로 이용할 수 있다

4 숙박객이 처음 들어서게 되는 51층의 안다즈 라운지. 체크인 카운터는 따로 만들어두지 않았다. 필요한 서비스는 '안다즈 호스트'라 부르는 직원이 제공한다

5 52층의 루프톱 바. 소파와 카운터 등 세 가지의 다른 공간이 있다. 반쯤 실외인 자리에서는 도쿄만 방향을 볼 수 있다

1 카페에서 사용하는 머그컵과 잔, 머들러 등도 넨도의 디자인 **2** 천장의 거울과 상응하도록 카운터 윗면에는 광택이 나는 검은 인조 대리석을 사용했다. 바닥과 카운터 측면은 같은 플로링 재질이다

□ Landmark　■ Plaza·Atrium　□ Anchor　■ Eat·Drink　■ Appreciate　□ Stay

connel coffee

address 미나토구 아카사카 7-2-21 소게쓰 회관 2층 港区赤坂 7-2-21 草月会館 2階
opened 2015 **operation** nendo+mother port coffee+뮤직 시큐리티즈
design; interior nendo
homepage connelcoffee.jp

소게쓰 회관은 건축가 고 단게 겐조가 설계하여 1977년 준공되었다. 그 위층으로 사무실을 옮겨온 것을 계기로, 디자인 회사 넨도nendo가 디자인뿐만 아니라 운영까지 맡아 코넬 카페를 개업했다. 카페는 원래 레스토랑이었던 곳으로, 준공 당시의 인테리어를 살려 천장과 벽면은 건드리지 않고 바닥과 가구만 디자인하였다. 복층의 담화실을 포함하여 창문으로는 아카사카 황실용지, 다카하시 고레키요 추모공원의 풍요로운 녹음, 이사무 노구치가 작업한 1층의 돌 정원 등이 내다보인다. 도심에서 쉽게 느낄 수 없는 해방감을 맛보며 커피를 느긋하게 즐길 수 있다.

3 서층의 돌 정원 쪽에서 카페를 본 모습
4 카페보다 반 층 위에 있는 담화실도 동시에 디자인했다. 준공 당시부터 쓰인 '튤립 의자'는 원래 흰색이었지만 매트한 검은색을 다시 칠해 재이용한 것이고 '튤립 테이블'도 보수한 것. 카운터 테이블의 상판은 천장과 같은 거울 효과가 있는 마감재를 발랐다. 천장과 테이블 상판의 이중 거울 효과로 테이블 위로 자동차가 달리는 듯한 신기한 광경을 볼 수 있다

☐ Landmark   ■ Plaza·Atrium   ☐ Anchor   ■ Eat·Drink   ☐ Appreciate   ☐ Stay

No.4

address 지요다구 요반초 5-9 千代田区 四番町 5-9
opened 2015
operation 타이슨즈 앤드 컴퍼니
design; interior KROW
homepage www.tysons.jp/no4

지역 주민에게 개방된 광장인 '반초노니와'에서 운영하는 단층 컨테이너 하우스 형태의 음식점. 카페도, 레스토랑도 아닌 새로운 스타일이라 규정하며 '핸드크래프트'를 내세워 음식을 제공한다. 아침, 점심, 저녁에 따라 전혀 다른 모습을 보여주는 가게이다.

☐ Landmark   ☐ Plaza·Atrium   ☐ Anchor   ■ Eat·Drink   ☐ Appreciate   ☐ Stay

Pirouette

address 미나토구 도라노몬 1-23-3 도라노몬 힐즈 가든하우스 1층 港区虎ノ門 1-23-3 虎ノ門ヒルズ ガーデンハウス 1階 opened 2014
produce&operation 콘트레일
design; interior DAIKEI MILLS
homepage www.pirouette.jp

도라노몬 힐즈 1층, 길 쪽으로 시야가 훤해지도록 한 면을 유리창으로 크게 낸 '음식 복합시설'이다. 약 5m 높이의 천장과 여유로운 공간에 주방과 손님이 원활하게 소통하도록 카운터석과 같은 높이의 오픈 키친을 둘러싼 형태다. 가게 안쪽으로는 비스트로, 바깥쪽으로 카페를 배치했다. 채소, 와인 등 가게에서 제공하는 식재료와 식기를 판매하는 코너도 마련되어 있다.

신축 건물에서는 실현하기 어려운 가치가 이 건물에 있다고 판단하여 내진 보강을 더해 재생을 시도했다. 2~6층은 호텔 객실 (47실), 7~14층은 공동주택(77호)이다. '호텔에 산다'는 것을 테마로 유연하게 운영하며 오래도록 사업을 할 방침이다

□ Landmark □ Plaza·Atrium □ Anchor ■ Eat·Drink □ Appreciate ■ Stay

호텔&레지던스 롯폰기 ホテル&レジデンス六本木

address 미나토쿠 니시아자부 1-11-6 港区西麻布 1-11-6
opened 2012 operation 시마다하우스 シマダハウス
planning&design 이토 히로유키 건축설계사무소 + OFDA(공용부, 객실 일부 외),
마쓰하라 돗포 건축설계(레스토랑 외)
homepage hr-roppongi.jp

롯폰기역 근처의 33년 된 14층짜리 건물을 새롭게 리모델링하여 호텔과 공동주택으로 만들었다. 리모델링 전에도 같은 기능을 하는 건물이었지만 운영 방식은 완전히 다르다. 하지만 리모델링하는 조건으로, 호텔과 주택이 입구의 로비를 공유한다는 기존의 독특한 방침은 그대로 이어간다. 호텔과 주택의 접근을 꾀한 설계, 그리고 운영으로 호텔과 주거공간이라는 도시생활자의 두 가지 요구에 모두 부응하게 되었다.

■ Landmark   ■ Plaza·Atrium   □ Anchor   ■ Eat·Drink   ■ Appreciate   ■ Stay

도쿄 미드타운 東京ミッドタウン

address 미나토구 아카사카 9-7-1 외 港区 赤坂 9-7-1 ほか
opened 2007
operation 도쿄 미드타운 매니지먼트
master planning Skidmore, Owings&Merrill
design; architecture(total) 닛켄설계
homepage www.tokyo-midtown.com

'다이버시티 온 더 그린'을 콘셉트로, 개발 면적인 약 10만2000㎡ 중 바로 옆의 미나토구립 히노키초 공원을 포함한 약 40%를 오픈 공간으로 할당한 복합개발을 진행하였다. 북쪽의 광대한 미드타운 가든 외에 커다란 유리지붕이 드리워진 플라자, 4층 높이의 쇼핑센터 갤러리아가 있고, 248m 높이의 오피스·호텔 건물인 미드타운 타워, 두 개의 주택 건물, 산토리 미술관 등이 있다. 각 건물의 디자인은 여러 건축가가 분담하였다.

□ Landmark   □ Plaza·Atrium   □ Anchor   ■ Eat·Drink   ■ Appreciate   □ Stay

21_21 DESIGN SIGHT

address 미나토구 아카사카 9-7-6(도쿄 미드타운 내)
港区 赤坂 9-7-6(東京ミッドタウン内)
opened 2007
operation 21_21DESIGNSIGHT
design; architecture 안도 다다오 건축연구소+닛켄설계
homepage www.2121designsight.jp

도쿄 미드타운 부지의 북서쪽인 '디자인 윙'에 위치하며 뮤지엄과 레스토랑의 2동으로 이루어졌다. 지상 부분의 면적은 최소한으로 하고, 전시 공간을 지하에 두어 녹지를 확보했다. '디자인을 통해 세계를 보는 곳'이라 규정하여 디자이너 이세이 미야케, 사토 다쿠, 후카사와 나오토의 지휘 아래 독자적인 기획을 선보이며 운영하고 있다.

■ Landmark   ■ Plaza·Atrium   □ Anchor   ■ Eat·Drink   ■ Appreciate   ■ Stay

롯폰기 힐즈 六本木ヒルズ

address 미나토구 롯폰기 6-10-1 외 港区六本木 6-10-1 ほか
opened 2003
design; architecture 모리빌딩, 이리에미야케 설계사무소
;direction Kohn Pedersen Fox Associates,
The Jerde Partnership(이상 롯폰기 힐즈 모리 타워) 외
homepage www.roppongihills.com

'문화 도심'이라는 콘셉트를 내세우며 호텔과 미술관, 멀티플렉스, 방송센터까지 갖춘 거대 복합시설을 만들어냈다. 에비네저 하워드가 주장하는 '전원도시'를 수직으로 만들겠다는 이상향으로부터 탄생한 장소다. 초고층 건물을 건설하는 대신 부지 내에 있는 옛 초후 모리 저택의 터를 일본정원으로 바꾸었다. 부지의 절반 이상을 오픈 공간으로 두었고, 가동식 지붕을 단 롯폰기 힐즈 아리나와 같은 광장과 공원을 곳곳에 배치하였다.

□ Landmark   ■ Plaza·Atrium   □ Anchor   ■ Eat·Drink   ■ Appreciate   □ Stay

국립신미술관 国立新美術館

address 미나토구 롯폰기 7-22-2 港区六本木 7-22-2
opened 2007
operation 독립행정법인 국립미술관
design; architecture 구로카와 기쇼 건축도시설계사무소
· 니혼설계 JV
homepage www.nact.jp

일본 최대 크기의 전시 공간인 1만4,000㎡ 크기의 미술관으로, 소장품 없이 기획전이나 공모전을 개최한다. 구불거리는 형태의 정면, 4층 높이로 트인 아트리움이 있는 건축 공간은 고 구로카와 기쇼가 주장한 '공생의 이상'을 표현한 것. 국제도시 도쿄의 문화적 다원성과 공생을 받아들이는 아트센터의 역할을 다하고 있다.

☐ Landmark   ☐ Plaza·Atrium   ☐ Anchor   ■ Eat·Drink   ☐ Appreciate   ☐ Stay

RISE&WIN Brewing Co. KAMIKATZ TAPROOM

address 미나토구 히가시아자부 1-4-2 THE WORKERS&CO 1층 港区東麻布 1-4-2 THE WORKERS&CO 1階
opened 2016 produce&operation 트랜지트 제너럴오피스
design; interior NAP 건축설계사무소
homepage www.kamikatz.jp

1 폐자재 벽돌을 재가공하여 바닥에 사용했다 **2** 빈 병으로 만든 샹들리에 **3** 오리지널 크래프트 맥주 4종 외에 세계의 다양한 맥주를 갖췄다. 친환경 용기에 담아 테이크아웃할 수도 있다

도쿠시마현 가미카쓰초의 마이크로 브루어리 도쿄 지점. 설계는 가미카쓰점과 같은 NAP 건축 설계사무소가 맡았다. 가미카쓰초는 지속적인 순환형 사회를 목표로 제로 웨이스트를 이념으로 내걸고 있다. 가미카쓰점과 마찬가지로 빈 병을 이용한 샹들리에와 창호를 재활용한 창틀, 폐자재를 쓴 선반 등 그 이념을 가게 전체에서 표현하고 있다. 도쿠시마현에서 나는 감물과 석간주를 섞은 도료로 색을 낸 붉은 내벽도 가미카쓰점을 떠오르게 한다. 가미카쓰초에서 키워온 문화를 도쿄에서도 느끼며 신선한 맥주와 바비큐 요리를 즐길 수 있다.

4 테이블과 주방을 구분하는 벽은 오래된 창호를 패치워크 형식으로 조합하였다. 카운터 양 끝의 나무 그루터기는 신사를 보호하기 위해 잘라낸 가미카쓰산 삼나무이다

5 그 밖에도 가미카쓰초의 쓰레기장 헌옷 수집함에 있던 낡은 옷을 리폼하여 점원의 앞치마로 사용하거나 가미카쓰초의 활판인쇄 기술을 이용해 신문지에 로고를 대담하게 넣어 화장실 벽 한 면에 바르는 등 다양한 지역 활동을 가게 내부에 반영했다

☐ Landmark   ☐ Plaza·Atrium   ■ Anchor   ■ Eat·Drink   ☐ Appreciate   ☐ Stay

IRVING PLACE

address 미나토구 시로카네다이 4-6-44 Adam et Rope Biotop 3층 港区白金台 4-6-44 Adam et Rope Biotop 3階
opened 2010 operation eden works
produce heads
design; interior Kata

1 난로가 있는 인테리어 **2** 전관을 리뉴얼할 때 트리하우스의 일인자인 고바야시 다카시 씨가 참여하여 안뜰의 20년 이상 된 녹나무에 트리하우스를 만들었다. 그 나무 위의 모습을 바라볼 수 있는 자리도 있다 **3** 자연광이 차분히 들어오는 3층 내부. 1층에는 '어반 가드닝' 콘셉트로 식물과 관련 아이템을 판매하는 '비오톱 너서리즈 도쿄BIOTOP NURSERIES TOKYO'가 있다. 사이토 다이치 씨의 솔소SOLSO가 가게 앞의 식물과 아이템 선택에 관여하였다. 2층에는 편집매장이 있다

시로카네다이 플래티나도리 북쪽 끝에 위치한 복합 쇼핑몰 3층의 카페&레스토랑. 2010년 전관을 리뉴얼할 때 '생물 그대로의 생태계가 보존된 공간'이라는 뜻의 '비오톱BIOTOP'을 콘셉트로 잡았다. 보태니컬, 내추럴 등의 키워드를 내세운 만큼 '녹색 건물' 속에 나무와 식물이 어우러진 공간을 마련했다. 식물로 둘러싸인 테라스석과 산장에 온 듯한 소파석 등 도시의 바쁜 풍경에서 벗어나 편안히 시간을 보낼 수 있는 장소이다.

☐ Landmark ☐ Plaza·Atrium ☐ Anchor ■ Eat·Drink ☐ Appreciate ☐ Stay

THE TENDER HOUSE

address 미나토구 시로카네다이 4-19-16 港区白金台 4-19-16
opened 2015 **produce&operation** 포지티브 드림 퍼슨스
design; architecture 노무라 공예사, 다케우치 공무점
homepage www.tender-house.jp

1 1층 레스토랑 중앙에 U자형 카운터석을 배치했다. 안쪽의 바닥을 거리 쪽 테라스석 바닥보다 높이를 낮춰 차분한 분위기를 내고 있다 **2** 지하 1층 계단 주변 **3** 벽면에서 물이 흐르는 연못도 있다

시로카네다이의 가이엔니시도리, 통칭 플래티나도리에 면해 있으며 결혼식 연회나 예배당이 중심인 음식점. 마름모꼴 격자 형태의 건물 정면은 거리에서 존재감을 높인다. 1층 레스토랑 '더 텐더 하우스 다이닝THE TENDER HOUSE DINING'은 거리와 뒤뜰 양쪽으로 트인 테라스가 있어 개방적이다. 지하와 2층에 연회장, 3층에 예배당과 카운터 중심의 그릴 레스토랑 '시로카네젠소白金然荘'가 있다. 시로카네젠소는 1층과는 대조적으로 사적으로 조용하게 이용할 수 있다.

4 3층 시로카네젠소에는 루프 테라스를 갖춘 펜트하우스가 개인실로 제공된다

5 건물 정면에 GRC(유리 강화 섬유 시멘트)의 형틀 성형을 한 마름모꼴 형태의 비스듬한 격자를 달았다. 안팎으로 거친 느낌을 내는 요소이다

WEST
URBAN

서부 도심

거대한 터미널로 개발에 박차를 더한 시부야역 주변, 그리고 신주쿠역 주변. 그 사이에 위치해 독자적인 발전을 해온 하라주쿠, 오모테산도, 아오야마. 2000년대부터 일본 국내외를 대표하는 건축가가 큰길의 건물 디자인에 힘쓰고, 패션 브랜드의 플래그십 스토어가 늘어서기 시작했다. 도시의 소란스러움에서 조금 거리를 두고 떨어져 있는 카페와 레스토랑 등에도 주목되고 있다. 여전히 이곳은 문화의 발신지이다.

☐ Landmark   ■ Plaza·Atrium   ☐ Anchor   ■ Eat·Drink   ☐ Appreciate   ☐ Stay

CASCADE HARAJUKU

address 시부야구 진구마에 1-10-37 渋谷区神宮前 1-10-37
opened 2015　**operation** 도큐부동산 SC 매니지먼트
design UDS
homepage cascade-harajuku.com

1, 2 부지의 높낮이차가 있어 뚫려 있는 공간에는 테라스와 그것들을 잇는 다리를 지었다. 계곡을 돌아다니는 느낌의 새로운 형태의 음식점이 모인 복합시설이 되었다 **3, 4** 건물 주위를 식물로 뒤덮어 '어른의 아지트'와 같은 분위기를 연출했다. 모던 멕시칸 'LAS DOS CARAS-MODERN MEXICACO Y TACOS-' 등 일상에서 가볍게 방문하고 싶은 음식점이 모여 있다 **5** 하라주쿠 거리를 바라볼 수 있는 사무실용 테라스

JR하라주쿠역에서 도보 2분 거리의 복합시설. 높낮이차가 있는 주변 지역을 잇는 입체적인 '길'을 부지 내에 만들었다. 식물로 뒤덮인 숨겨진 집과 같은 공간 속에서 다양한 가게를 둘러보며 산책할 수 있다. 그 동선은 4층 높이로 트인 정원을 건너는 다리가 되며, 때론 사람들이 모이는 '거리 테라스'가 되기도 한다. 콘셉트는 '어반 이스케이프Urban Escape'. 10대 젊은이로 가득한 복잡한 하라주쿠에서 빠져나와 도시의 직장인들이 모여 즐길 수 있는 명소로 자리 잡았다.

1 가게의 외관은 매장 측에서 자유롭게 꾸밀 수 있다. 대신 옥상 테라스를 강조하여 시설의 아이덴티티를 나타내고 랜드마크로서의 모습을 만들어내고 있다 **2** 사람들을 끌어모으도록 사거리 쪽 입구를 만화경 같은 튜브 형태로 만들어 분위기를 고양시켰다

■ Landmark   ■ Plaza·Atrium   □ Anchor   ■ Eat·Drink   □ Appreciate   □ Stay

도큐 플라자 오모테산도 하라주쿠
東急プラザ表参道原宿

address 시부야구 진구마에 4-30-3 渋谷区神宮前 4-30-3
opened 2012 **operation** 도큐부동산 SC 매니지먼트
design; architecture NAP건축설계사무소, 다케나카 공무점
homepage omohara.tokyu-plaza.com

패션몰의 선두주자인 도큐부동산이 1960년대부터 시작한 브랜드 '도큐 플라자'의 오모테산도 하라주쿠점. 오모테산도역과 하라주쿠역에서 이어지는 느티나무 가로수길이 만나는 위치에 자리했다. 나무와 건축의 관계를 테마로 새로운 형태의 도시형 시설을 목표로 한다. 그 상징은 바로 6층의 '오모하라노모리'. 개관 시간 내에는 누구든지 출입이 가능하다. 가로수길을 가리지 않도록 세심하게 계획하였고, 옥상을 포함한 전관 7곳의 야외 테라스와 그 주변 유리벽을 통해 주변 환경을 느끼며 쇼핑할 수 있는 공간으로 만들었다.

3, 4 6층 '오모하라노모리'에는 수목과 50종 이상의 들풀을 심어두었다. 사람들이 마음껏 앉아 쉴 수 있도록 테라스는 절구 모양으로 만들었다. 나무를 주역으로 삼으면서 건축 측면에서는 불편함이 생기기도 했다. 하지만 설계를 맡은 나카무라 히로시 씨는 '이런 불편함을 적극적으로 즐기게 되면 애착이 생기고, 이 장소만의 가치가 만들어진다'고 생각한다

139

■ Landmark   ■ Plaza·Atrium   ■ Anchor   ■ Eat·Drink   ■ Appreciate   ■ Stay

CITRON Aoyama

address 미나토쿠 미나미아오야마 2-27-21 세이린빌딩 1·2층 港区南青山 2-27-21 セイリンビル 1·2階
opened 2015 **operation** 개인
design; interior 아시자와 게이지 건축설계사무소
homepage citron.co.jp

1 2층의 식사 공간. 의자와 일부 조명은 주인이 프랑스에서 사온 것이다. 콘크리트가 그대로 드러난 공간과 분위기를 통일하기 위해 소재와 디테일 등을 고안한 흔적이 보인다 **2** 입구 부분 **3** 1층 계단의 안쪽이 주방이다. 기존에 설계되었던 계단은 주방과의 동선이 편하지 않았던 탓에 새롭게 제작하였다. 새롭게 만든 이 철제 계단에서 가게 전체의 디자인이 탄생했다고 한다

유기농으로 재배한 채소를 이용한 샐러드를 중심으로 키슈와 그라탱 등 프랑스 가정요리를 제공하는 레스토랑. 가이엔니시도리와 아오야마도리가 만나는 교차점에서 그리 멀지 않다. 1층 쇼케이스에는 여러 종류의 신선한 채소가 진열되어 있다. 샐러드는 달마다 정해진 메뉴가 있지만 원하는 대로 변경할 수도 있다. 식사는 2층에서 가능하며, 채소라는 신선한 재료를 다루고 있기 때문에 공간 설계에서도 이 부분에 신경을 썼다. 가게에서는 지역의 NPO 활동을 지원하거나 수익의 일부를 사회공헌활동에 기부하고 있다.

1, 2 가게 안에도 격자 모티브가 반복된다

☐ Landmark   ☐ Plaza·Atrium   ☐ Anchor   ■ Eat·Drink   ☐ Appreciate   ☐ Stay

Sunny Hills at Minami-Aoyama

address 미나토구 미나미아오야마 3-10-20 港区南青山 3-10-20
opened 2013 operation SunnyHills Japan
design; architecture 구마 겐고 건축도시설계사무소
homepage www.sunnyhills.com.tw/index/ja-jp

파인애플 케이크인 펑리수를 파는 대만의 과자점. 동아시아의 각 도시에 지점을 내고 있으며, 일본에서는 미나미아오야마점이 유일하다. 주택가의 완만한 언덕길에 위치해 있다. '지고쿠구미地獄組み'라 불리는 일본의 전통 기법을 이용해 마름모꼴로 짠 창살을 불규칙적으로 겹쳐 건물을 뒤덮었다. 그 독특한 외관은 딱딱한 가시가 있는 파인애플을 연상케 한다. 건물의 절반이 목조이며, 격자 구조의 나무가 바닥과 지붕을 지탱하는 구조이기 때문에 가게 안에는 기둥이 없다. 테이크아웃 전문이며, 방문한 고객은 커다란 테이블석에서 차와 함께 펑리수를 시식할 수 있다.

3 지고쿠구미의 나무는 60mm 각의 기후현산 고급 노송나무를 불연 처리한 것. 통로에서 보이지 않는 건물의 절반은 철근콘크리트 재질이다
4 가게 1층의 테이블석에서 시식을 한 후 상품을 고른 다음 구입하면 된다

☐ Landmark   ☐ Plaza·Atrium   ☐ Anchor   ■ Eat·Drink   ☐ Appreciate   ☐ Stay

INTERSECT BY LEXUS-TOKYO

address 미나토쿠 미나미아오야마 4-21-26 港区南青山 4-21-26
opened 2013 **produce&operation** 트랜지트 제너럴오피스
design; interior 원더월
homepage lexus.jp/brand/intersect/tokyo

1 들어가자마자 보이는 카페. 그 안쪽에 전시장이 있다. 카페 메뉴는 노르웨이 오슬로의 커피 바 '푸글렌FUGLEN'과 협력

세계에서는 첫 번째 점포가 되는 자동차 브랜드 '렉서스'의 글로벌 브랜드 플래그십 스토어. '도시와 연결되며 사람과 사람, 사람과 자동차가 오간다'를 테마로 브랜드가 생각하는 라이프 스타일을 여러 가지 형태로 체험할 수 있다. 1층에는 카페와 갤러리로 쓸 수 있는 전시장이 있고 2층에는 라운지와 매장이 있다. 렉서스의 대표 디자인인 스핀들 그릴에서 아이디어를 얻은 정면의 스크린과 자동차 부품을 이용한 벽 등 렉서스의 요소와 뛰어난 기술을 재편집하여 디자인에 도입하였다.

4 2층 라운지에는 가구를 넉넉하게 배치했다. 다양한 정보와 활동이 축적되고 퍼지는 플랫폼으로, 클럽하우스나 사교장을 모티브로 디자인하였다

2 쇼룸의 기능은 최소한으로 제한했다. 정면에 스크린을 이용한 스핀들 그릴의 소재는 대나무. 일본 장인의 기술이 느껴지는 요소로, 렉서스의 아이덴티티를 표현하고 있다. 매장 안에 있는 사람을 편안히 지켜주는 필터 역할도 한다

3 계단의 벽에는 실제로 쓰이는 자동차 부품을 사용했다. 매장에서는 젊은 기술자가 만든 생활용품도 취급한다

☐ Landmark   ☐ Plaza·Atrium   ☐ Anchor   ■ Eat·Drink   ☐ Appreciate   ☐ Stay

CITYSHOP

address 미나토구 미나미아오야마 5-4-41 港区南青山 5-4-41
opened 2015 **operation** 베이크루즈
design; architecture 자모 어소시에이트
homepage cityshop.tokyo

1 1층은 음식과 바, 2층은 패션과 문화로 구성 **2** 1층에는 테라스석도 준비되어 있다. 이곳의 샐러드는 요시이 씨가 경영하는 카페&델리 '패리티PARITY'가 관리하고 있다. 샐러드 및 간단한 음식은 테이크아웃도 가능 **3** 1층 안쪽의 채소 쇼케이스는 인스타그램 등의 SNS에 업로드할 사진 촬영 스폿으로 인기

패션계에서 활약 중인 요시이 유이치 씨를 크리에이티브 디렉터로 맞이하여 패션과 음식, 문화를 독자적인 시점에서 편집하고, 새로운 기준을 세우려는 가게. 1층의 식당에서는 항상 15종류의 채소로 만드는 신선한 샐러드를 판매하고 있다. 세련된 가게이면서도 일상적으로 편하게 들를 수 있다. 인테리어는 가게 이름인 '시티'에서 고층빌딩이 늘어선 도시를 이미지화하여 벽의 타일이나 집기 등에 주로 사각형을 사용했다. 2층에서는 의류나 소품 등을 판매하며 스피커의 배치를 연구해 배경음악에도 신경을 쓴 모습이다.

☐ Landmark   ■ Plaza·Atrium   ☐ Anchor   ■ Eat·Drink   ■ Appreciate   ☐ Stay

네즈 미술관 根津美術館

address 미나토구 미나미아오야마 6-5-1 港区南青山 6-5-1
opened 2009 operation 네즈 미술관
design; architecture 구마 겐고 건축도시설계사무소
homepage www.nezu-muse.or.jp

1 50m 대나무 담이 이어지는 통로 **2** 네즈 가문의 부지 내에 있으며, 셋으로 나눈 맞배지붕 건물을 배치하였다 **3** 가장 넓은 1층의 '전시실1'은 기획전시에 이용한다

번화한 미나미아오야마에서 비교적 한산한 곳에 자리한 미술관. 메이지 시대부터 쇼와 시대 초기까지의 실업가 네즈 가이치로의 소장품인 동양 미술품을 전시한다. 도심부에서는 희소한 1만 7000㎡ 넓이의 일본 정원이 있다. 건물의 크기를 느끼지 못하도록 입구부터 정원 방향으로 내려가는 부지의 경사로를 따라 맞배지붕의 건물을 배치하였다. 식재와 담, 천장과 벽에 달린 합판 등에 대나무를 다수 사용했다. 철판과 유리로 섬세하게 도시의 분위기를 내면서도 전통적인 일본까지 모두 느낄 수 있다.

4 정원에 면한 1층 홀. 중간에 2층으로 통하는 계단이 있다. 지붕에 맞춰 천장도 비스듬하다

5 정원 안의 별채인 '네즈 카페NEZU CAFE'. 톱라이트 빛이 부드럽게 쏟아진다

■ Landmark   □ Plaza·Atrium   □ Anchor   ■ Eat·Drink   □ Appreciate   □ Stay

TAKEO KIKUCHI 시부야 메이지도리 본점
TAKEO KIKUCHI 渋谷明治通り本店

address 시부야구 진구마에 6-25-10 渋谷区神宮前 6-25-10
opened 2012
operation 월드
design; architecture 다케나카 공무점+스키마 건축계획
homepage store.world.co.jp/s/takeokikuchi

남성패션 브랜드 '타케오 키쿠치TAKEO KIKUCHI'의 플래그십 스토어. 브랜드의 세계관을 전하기 위해 1~2층에는 상품을 가득 진열했다. 2층 한쪽에 기쿠치 다케오 씨의 아틀리에를 병설하여 작업장을 유리 너머로 볼 수 있다. 3층에는 베이커리 카페 '레페크토와르/르 쁘띠메크'가 입점하였고, 이 층의 인테리어만 랜드스케이프 프로덕트가 담당했다.

■ Landmark   ■ Plaza·Atrium   □ Anchor   ■ Eat·Drink   □ Appreciate   □ Stay

Ao

address 미나토구 기타아오야마 3-11-7 港区北青山 3-11-7
opened 2009
operation Ao빌딩 매니지먼트 오피스
design; architecture 니혼설계
homepage www.ao-aoyama.com

오모테산도역에서 가까운 아오야마도리에 있는 복합상업시설. 쐐기 형태의 오피스 타워와, 옥상에 계단식 정원이 있는 저층의 상업부분으로 이루어져 있다. 계단식 정원은 2층부터 4층까지 옥외계단으로 돌아다닐 수 있다. 테라스로도 이용되며 건물의 안팎으로 일체감을 주는 역할을 하고 있다.

도심에서 글램핑을 체험한다는 취지의 레스토랑 '스노우 피크 글램핑'이 옥상에 있다. 정면으로 'Ao'(P150)가 보인다. 아웃도어 브랜드인 '스노우 피크'의 사외이사 무라타 이쿠오 씨가 가게 경영에 참여한다

□ Landmark   □ Plaza·Atrium   □ Anchor   ■ Eat·Drink   □ Appreciate   □ Stay

I·K·U 아오야마 I·K·U 青山
스노우 피크 글램핑 スノーピークグランピング

address 미나토구 미나미아오야마 6-1-24
미나미아오야마 6124빌딩 3층, 옥상
港区南青山 6-1-24 南青山 6124 ビル 3 階, 屋上
opened 2015
design; interior 쓰지무라 히사노부 디자인사무소+문밸런스
management 무라타사쿠센
homepage www.iku-aoyama.com

프렌치 레스토랑 'I·K·U 아오야마'가 3층에 있고, 고급스러움을 지향하는 새로운 형태의 캠프 '글램핑'을 테마로 한 세계 각국의 요리를 먹을 수 있는 음식점이 옥상에 있다. 옥상에는 테라스석과 퍼걸러를 설치했다. 텐트 천으로 된 개폐식 지붕이 있어 언제나 이용할 수 있다.

□ Landmark   □ Plaza·Atrium   □ Anchor   ■ Eat·Drink   □ Appreciate   □ Stay

THE ROASTERY

address 시부야구 진구마에 5-17-13
渋谷区神宮前 5-17-13
opened 2013 **operation** 타이슨즈 앤드 컴퍼니
design; interior 바직
homepage www.tysons.jp/roastery

대형 점포를 중심으로 운영해온 타이슨즈 앤드 컴퍼니가 하라주쿠 캣 스트리트 한가운데에 있던 건물을 사용해 가볍게 즐길 수 있는 어른을 위한 작은 커피숍을 차렸다. 1층에서는 직접 로스팅을 한다. 오래된 건물에서 재생한 나무로 공간을 완성했다.

□ Landmark   □ Plaza·Atrium   □ Anchor   ■ Eat·Drink   □ Appreciate   □ Stay

SMOKEHOUSE

address 시부야구 진구마에 5-17-13
渋谷区神宮前 5-17-13
opened 2013 **operation** 타이슨즈 앤드 컴퍼니
design; interior 바직
homepage www.tysons.jp/smokehouse

더 로스토리 카페 2층에는 서로 다른 분위기의 두 가게가 입점해 있다. 덴노즈의 'T.Y.하버 브루어리 T.Y.HARBOR BREWERY'와 연계한 크래프트 비어 바, 그리고 저온에서 장시간 훈제한 고기를 구워 파는 본격 바비큐 가게이다. 카운터 바와 오픈 키친을 배치한 가게 내부는 나무와 철제 파이프를 많이 사용하여 편안함을 연출하였다.

리조트를 연상케 하는 도심 속 오아시스 같은 장소. 옛 건물은 건축가 아시하라 요시노부 씨가 설계했다. 대지 안에는 카페 '크리스크로스crisscross'와 베이커리 '브레드워크breadwork'도 있다

☐ Landmark   ☐ Plaza·Atrium   ☐ Anchor   ■ Eat·Drink   ☐ Appreciate   ☐ Stay

CICADA

address 미나토구 미나미아오야마 5-7-28
港区南青山 5-7-28
opened 2012
operation 타이슨즈 앤드 컴퍼니
design; interior 바직
homepage www.tysons.jp/cicada

오모테산도역에서 도보 2분, 콜로니얼 양식으로 만든 공간에서 지중해 요리를 즐길 수 있다. 미나미아자부에서 이전해온 가게로, 현재 건물은 회사 사원용 기숙사를 리노베이션한 것이다. 녹음이 풍성한 부지 환경을 살려 편안한 테라스석과 풀사이드석도 준비하였다.

■ Landmark □ Plaza·Atrium □ Anchor ■ Eat·Drink ■ Appreciate □ Stay

Glorious Chain Café / DIESEL SHIBUYA

address 시부야구 시부야 1-23-16 cocoti 지하 1층·지상 1층 渋谷区渋谷 1-23-16 cocoti 地下 1階·地上 1階
opened 2010 **total produce&operation** 디젤 재팬
cafe planning&operation 트랜지트 제너럴오피스
design; interior Diesel S.P.A 디젤 재팬 **homepage** www.diesel.co.jp/cafe

1, 2, 3 글로리어스 체인 카페. 2014년에는 오사카 신사이바시의 디젤 오사카 DIESEL OSAKA 안에 2호점을 개업

이탈리아 브랜드 디젤이 '현대판 백화점'으로 만든 콘셉트 스토어 '디젤 시부야DIESEL SHIBUYA'의 입구 옆에서 영업 중인 카페 겸 식당이다. 라이프 스타일 브랜드로 발전한 모습을 어필하기 위한 첫 사업으로 시부야 메이지도리 쪽에 카페를 열고, 생활용품 판매장과 갤러리 등이 들어선 복합시설을 만들었다. 카페에서는 이탈리아 비첸차에 있는 디젤 농장에서 생산된 올리브 오일이나 오리지널 와인을 즐길 수 있다.

4, 5 JR시부야역에서 도보 5분 거리에 위치한 디젤 시부야는 도쿄 메트로 후쿠토신선 시부야역 정면의 빌딩 코코티cocoti의 지하 1층과 지상 1층에 약 1,000㎡으로 크기로 오픈했다. 라이프 스타일을 제안하는 브랜드로서의 가치를 알리고자 판매점 외에 카페, 생활용품 매장, 갤러리 등을 포함한 복합 시설로 만들었다. 외관은 오래된 영화관을 떠올리며 디자인한 것

1 가게 안에는 약 200석이 준비되어 있다. 평일은 아침 8시부터 영업하는 스페셜티 커피 스탠드 '더 시어터 커피THE THEATRE COFFEE'도 오픈한다

☐ Landmark ☐ Plaza·Atrium ☐ Anchor ■ Eat·Drink ☐ Appreciate ☐ Stay

THE THEATRE TABLE

address 시부야구 시부야 2-21-1 시부야 히카리에 11층 渋谷区渋谷 2-21-1 渋谷ヒカリエ 11階
opened 2012
produce&operation 트랜지트 제너럴오피스
design; interior 인텐셔널리즈

시부야 히카리에 11층에 있는 캐주얼 이탈리안 다이닝. 허공에 떠 있는 듯한 일본 최대 크기의 극장 '도큐 시어터 오브'의 입구가 있는 층에서 영업하고 있다. 6m 높이의 천장을 살려 개방적이면서 넉넉한 분위기에 옛날부터 있던 레스토랑처럼 친숙한 느낌의 장소를 만들었다. 음식은 도쿄에서 가장 예약하기 힘들다는 이탈리안 레스토랑 '아로마프레스카'의 하라다 신지 셰프가 고안하였고, '네오 트라토리아'를 테마로 한 요리를 즐길 수 있다.

2 클래식한 의자와 조명으로 친숙한 분위기를 연출했다. 카르보나라와 나폴리탄, 스테이크 등 '아로마프레스카'에는 없는 메뉴도 있다. 위층의 극장에서 상영하는 영화에 맞춘 메뉴도 그때그때 준비된다
3 테라스에서는 소파에 앉아 시부야 거리와 야경을 한눈에 볼 수 있다

☐ Landmark   ☐ Plaza·Atrium   ☐ Anchor   ■ Eat·Drink   ☐ Appreciate   ☐ Stay

cafe 1886 at Bosch

address 시부야구 시부야 3-6-7 보쉬빌딩 시부야 1층 渋谷区渋谷 3-6-7 ボッシュ渋谷ビル 1階
opened 2015 **operation** 트랜지트 제너럴오피스
planning&produce 프론티지 **design; interior** 구보타 건축도시연구소
homepage www.bosch-cafe.jp

1 1886년 창업한 역사를 카페 이름으로 표현했다. 본국의 공장을 참고로 디자인에 반영한 것 외에 보쉬 초기의 대표 제품인 자동차 엔진 점화장치 '마그네토' 등도 카페 인테리어에 사용했다. 뒤로 곤노하치만구의 녹음이 깔려 있다 **2, 3** 시부야역에서 수도고속도로를 따라 동쪽으로 도보 5분쯤. 카페와 전시장에서 이미지를 지속적으로 바꾸면서도 스토리는 이어지도록 하고 있다

자동차 기기 등의 분야에서 높은 기술력을 자랑하는 독일의 보쉬가 시부야 본사 1층에 전시장 겸 카페를 오픈했다. 1911년부터 일본에서 사업을 펼쳐온 보쉬가 자사의 기업 이념과 역사를 알리고자 본국에 앞서 세계 첫 시도로 만든 것이다. 카페에는 역사적인 제품을 전시하고, 전시장에서 최신 제품과 기술 및 서비스를 소개한다. '워크&릴랙스 스페이스'라 부르는 이곳은 근처 회사원들이 가볍게 들르기 좋은 곳이 되었다.

☐ Landmark   ☐ Plaza·Atrium   ☐ Anchor   ■ Eat·Drink   ■ Appreciate   ☐ Stay

WIRED TOKYO 1999 (SHELF67)

address 시부야구 우다가와초 21-6 QFRONT 7층 SHELF67 내 渋谷区宇田川町 21-6 QFRONT 7階 SHELF67 内
opened 2015
design; interior&operation 카페 컴퍼니
homepage www.wiredtokyo1999.com

벽면을 책장이 둘러싸고 있으며 중앙에 원형 카운터와 6층에서부터 이어지는 계단이 있다. 책장의 책도 구입 가능하다. 셀프 서비스가 아닌 풀 서비스로 음식을 제공한다

시부야역 스크램블 교차로의 랜드마크 QFRONT. 이곳의 6~7층에 서점 츠타야 북 스토어 TSUTAYA BOOK STORE와 카페 와이어드 도쿄 1999WIRED TOKYO 1999가 있으며 셀프67SHELF67이라 부른다. 6층은 서점 중심의 구성이고, 7층은 풀 서비스를 제공하는 카페와 레스토랑이 서점과 구분 없이 펼쳐져 있다. 천장까지 닿는 책장이 주위를 둘러싸고 있어 눈길을 끈다. 높이 차이를 두어 자연스럽게 나눈 객석은 전원이 달린 카운터와 라운지풍 소파, 개인실 등 이용 방법에 따라 고를 수 있도록 다양하게 만들어졌다.

□ Landmark   □ Plaza·Atrium   □ Anchor   ■ Eat·Drink   □ Appreciate   □ Stay

FabCafe Tokyo

address 시부야구 도겐자카 1-22-7 도겐자카피아 1층 渋谷区道玄坂 1-22-7 道玄坂ピア 1階
opened 2015(확장 리뉴얼) **produce, operation** 로프트워크
design; interior 나루세·이노쿠마 건축설계사무소+후루이치 요시노 건축설계사무소
homepage fabcafe.com/tokyo

1 세계 각국에 팹카페가 늘어나고 있다. 팹카페는 팹랩FabLab이 원류로, 도쿄가 제 1호점이다. 가게를 확장하면서 일본의 삼림 재생에 기여하기 위해 일본산 목재를 사용했다. 벽면의 일부와 카운터 옆판에 히다산 노송나무를, 테이블 윗면과 책장은 히다산 호두나무를 사용했다

시부야 도겐자카에 오픈한 팹카페 도쿄. 디지털 기기를 갖춘 '만들기 카페'로, 자신의 취향대로 장식물이나 소품을 만들고 싶은 사람들이 즐겨 찾는 곳이 되었다. 레이저 커터나 3D 프린터 등을 이용하여 물건을 만들고, 기계가 작동하는 동안은 카페에서 편안하게 쉴 수 있다. 인터넷 사이트 제작, 공간 디자인 등 창작 관련 사업을 돕는 '로프트워크'가 운영한다. 디지털 제작 관련 이벤트를 적극적으로 개최하며 창작 커뮤니티 육성을 목표로 활동하고 있다.

2 안쪽이 확장한 부분. 가게의 면적을 배로 리뉴얼할 때 멀티 디스플레이 벽을 추가로 제작, 주방도 새롭게 만들었으며 새로운 기기도 배치하였다 **3** 'Food×Fab'를 콘셉트로 한 오픈 키친. 메뉴에는 토핑과 드레싱을 고를 수 있는 팹 샐러드 FAB SALAD 등이 있다

□ Landmark   □ Plaza·Atrium   ■ Anchor   ■ Eat·Drink   □ Appreciate   □ Stay

Tas Yard

address 시부야구 센다가야 3-3-14 渋谷区千駄ヶ谷 3-3-14
opened 2004
design; interior&operation 랜드스케이프 프로덕트
homepage tasyard.com

1, 2, 3 필요 이상으로는 손대지 않은 심플한 인테리어. 원래 주거지였던 1층을 리노베이션하여 사용하고 있다

2000년 하라주쿠역과 센다가야역 중간쯤에 인테리어숍 '플레이 마운틴'을 개업한 랜드스케이프 프로덕트가 그 근처에서 2004년부터 운영하고 있는 카페&레스토랑. 대표 나카하라 신이치로 씨의 출신지이자 또 하나의 거점인 가고시마현의 식재료를 살린 메뉴도 제공한다. 오리지널 가구와 잡화 디자인, 제조·판매와 함께 내부의 설계와 시공을 맡은 랜드스케이프 프로덕트는 센다가야 주변의 다른 점포도 운영하고 있다. 이른바 '거리 조성'과는 다른 취지이지만 '좋은 이웃' 만들기를 모토로 하여 지역의 이미지를 끌어올리고 있다.

4 큰길에서 한 걸음 들어간 곳의 사거리에 면한 모퉁이에 있다. 가게 앞에는 작은 정원과 작은 오두막이 있다. 정원의 식물은 서로 왕래가 있는 그래픽 디자이너가 돌봐주고 있다

5 랜드스케이프 프로덕트는 센다가야 주변에 커피 스탠드 '비 어 굿 네이보어 커피 키오스크BE A GOOD NEIGHBOR COFFEE KIOSK'와 누들 바 '포 321 누들 바Pho 321 Noodle bar'도 오픈했다. 또 타스 야드에서는 식품 셀렉트숍인 '굿 네이보어스 파인 푸드 숍GOOD NEIGHBORS'FINE FOODS SHOP'을 병설하여 인터넷 쇼핑 사이트도 함께 운영 중이다

SILKREAM

address 시부야구 진난 1-19-3 하이만텐 진난빌딩 1층
渋谷区神南 1-19-3 ハイマンテン神南ビル 1 階
opened 2010 operation 닛세이
design; interior 자모 어소시에이트
homepage www.nissei-com.co.jp/silkream

소프트아이스크림 회사 닛세이가 운영하는 카페. 북유럽의 집을 연상케 하는 내부는 다이닝, 리빙, 테라스 세 개의 공간으로 나뉘며 기분에 따라 머물 장소를 선택할 수 있다. 소프트아이스크림을 이용한 디저트가 주력상품이다. 인테리어는 컨트리풍으로, 벽은 천연나무를 하얗게 도장하였고 벽면 타일은 가게 오리지널, 조명은 종을 개조하는 등 자신들만의 세계관을 만들어냈다.

BE A GOOD NEIGHBOR COFFEE KIOSK

address 시부야구 센다가야 3-51-6
渋谷区千駄ヶ谷 3-51-6
opened 2010
design; interior&operation 랜드스케이프 프로덕트
homepage beagoodneighbor.net

기존 가게의 쇼윈도였던 유리벽을 살려 카운터를 만든 커피숍. 센다가야의 타스 야드(P164)와 마찬가지로 랜드스케이프 프로덕트가 운영하는 가게이다. 가고시마현의 커피 전문점 '보일라VOILA 커피'의 콩을 사용한다. 도쿄 스카이트리 타운의 소라마치 2층과 롯폰기 아크 힐즈 사우스 타워 지하 1층에도 매장이 있다.

'예술의 라이브하우스'라 부르며, 전시 외의 이벤트도 적극적으로 개최한다

□ Landmark　□ Plaza·Atrium　□ Anchor　■ Eat·Drink　■ Appreciate　□ Stay

아쓰코바루 アツコバルー

address 시부야구 쇼토 1-29-1 크로스로드 빌딩 5층
渋谷区松濤 1-29-1 クロスロードビル 5 階
opened 2013
operation 아쓰코바루
design; interior 주오 아키
homepage atsukobarouh.com

예술을 사회적인 활동으로 만들고 싶다는 의도에서 탄생한 공간. 바 카운터를 두었으며 한손에 잔을 든 채 서로 감상을 이야기할 수 있는 곳으로, 평범한 갤러리와는 다른 문화공간이다. 전시공간의 벽은 이동이 가능하며, 목판을 깐 마루에 신발을 벗고 들어가는 식이다.

요요기 빌리지 by 쿠르쿠
代々木 VILLAGE by kurkku

address 시부야구 요요기 1-28-9 渋谷区代々木1-28-9
opened 2011 planning&operation kurkku
design. total UDS
restaurant&bar interior 원덕원
homepage www.yoyogi-village.jp

JR요요기역에서 도보 2분, 컨테이너를 쌓아올린 가게 및 음식점이 2층으로 늘어서 있고, 그 안쪽에 메인 레스토랑인 '코드 쿠르쿠code kurkku'와 음악 바 등이 들어선 건물이 자리 잡고 있다. 요요기 세미나의 건물 터 600평을 2011년부터 5~10년 기한으로 잠정적으로 활용하고 있다. 컨테이너 사이는 나무 데크를 깔아 편하게 걸어 다닐 수 있으며 이들을 둘러싼 테라스 구역과 레스토랑 앞 정원에는 세계 각국에서 모은 오브제와 같은 식물이 심어져 있다. 시간이 지나 녹음이 더욱 무성해졌으며, 독자적인 세계관을 지닌 다양한 세대가 찾을 수 있는 장소가 탄생했다.

1 정원은 주말 시장이나 결혼식 등에 이용 **2** 요요기 세미나의 주체인 다카미야 학원이 거리의 활성화를 바라며 실현시킨 요요기 빌리지. 1층 가게에는 각각 옥외 테라스석이 있다. 완만한 계단을 오르면 2층 가게 사이를 거닐 수 있다 **3** 콘셉트 중 하나는 '지속 가능성'. 다른 장소에서도 재이용할 수 있는 운송용 컨테이너를 기간 한정 점포로 쓰고 있다 **4** 이탈리안 레스토랑 '코드 쿠르쿠'. 다양한 레코드판과 고음질 사운드 시스템을 갖춘 음악 바도 있다

☐ Landmark   ☐ Plaza·Atrium   ☐ Anchor   ■ Eat·Drink   ☐ Appreciate   ☐ Stay

BISTRO CAFE LADIES&GENTLEMEN

address 신주쿠구 신주쿠 3-14-1 이세탄 신주쿠점 본관 3층 新宿区新宿 3-14-1 伊勢丹新宿店本館 3階
opened 2012 produce&operation 트랜지트 제너럴오피스
total direction 글래머러스
design; interior 라인

1 이세탄 본관 3층, 남성관과 이어지는 연결통로 근처에 있다. 천장의 목재와 바닥 타일은 가게 안에서 밖으로 이어진다
2, 3 천장과 바닥 마감재가 유리벽을 넘어 통로 쪽으로 이어지고 있어, 백화점 안이면서 길목 느낌도 난다

현재 일본 문화를 대표하는 크리에이터들이 집결하여 만든 도쿄 스타일의 비스트로 카페. 음식 구성은 프렌치 레스토랑 '오 가멩 드 토키오'의 오너셰프인 기노시타 다케마사 씨, 디저트는 '파티세리 사다하루 아키오 파리'의 아오키 사다하루 씨, 인테리어는 가쓰타 다카오 씨, 그리고 총괄에는 모리타 야스미치 씨 등이 참가하였다. 각계에서 활약하는 크리에이터의 능력을 살려 문화를 융합한 '진화한' 점포로 자리매김하였다.

4 좁고 긴 내부는 장소마다 인테리어 분위기가 다르다. 이곳은 상들리에, 징을 박은 소파, 체크무늬 천과 쿠션 등으로 클래식한 느낌을 살렸다. 외국 도서의 디스플레이도 분위기를 고조시키는 데 한몫하고 있다

5 통로 쪽 유리벽에는 로고가 크게 들어가 있어 고객의 눈길을 끈다. 로고 디자인은 히라바야시 나오미 씨, 아트 스페이스는 '도쿄포토' 대표 하라다 도모히로 씨, 유니폼은 '누메로 우노 Numero Uno'의 오자와 히로시 씨, 음악은 아오노 겐이치 씨, 꽃 장식은 오치 야스타카 씨가 담당했다. 유니폼은 올해 리뉴얼하였다

■ Landmark   ■ Plaza·Atrium   □ Anchor   ■ Eat·Drink   ■ Appreciate   □ Stay

NEWoMan / 신주쿠 미라이나 타워
新宿ミライナタワー

address 신주쿠구 신주쿠 4-1-6, 시부야구 센다가야 5-24-55 新宿区新宿 4-1-6, 渋谷区千駄ヶ谷 5-24-55
opened 2016 **operation** 루미네 **design; architecture** JR동일본건축설계사무소 **;public space** 시나토
homepage www.newoman.jp

1 개찰구 앞부터 이어지는 인공지반 위의 광장. 다양한 모양의 벤치와 단차를 만들어 약 2,000㎡의 공간에 쉴 곳을 마련했다

3 오른쪽 위가 '다카시마야 타임즈 스퀘어', 왼쪽 앞이 '신주쿠 서던 테라스'. 버스터 신주쿠는 하루에 약 1,200편의 고속버스가 발착하는 일본 최대 규모의 버스 터미널이다 **4** 개찰구 내의 홀에도 가게가 늘어서 있다 **5** 상업시설의 환경 디자인은 통로와 같은 공용 부분과 가게 부분이 확실히 나뉘어 보이지 않도록 했다

일본 제일의 승하차객 수를 자랑하는 신주쿠역. 그 플랫폼 위에 인공지반을 만들어 보행자 광장과 고속버스 터미널 '버스터 신주쿠'를 조성했다. 인접한 오피스 빌딩, 상업시설, 그리고 신주쿠역 자체를 합쳐 대규모 복합시설로 정비했다. '뉴우먼NEWoMan'의 바닥이나 천장의 환경 디자인, 개찰구 안팎의 중앙 홀, 오피스 빌딩의 저층부, 보행자 광장 등에 펼쳐진 공공장소의 디자인이 연속성을 지니도록 설계된 점이 눈에 띈다.

2 신주쿠역을 가로지르는 고슈가도 구름다리 아래도 거리 조성의 일환으로 환경정비를 진행하였다

☐ Landmark   ☐ Plaza·Atrium   ☐ Anchor   ■ Eat·Drink   ☐ Appreciate   ☐ Stay

GARDEN HOUSE Shinjuku

address 신주쿠구 신주쿠 4-1-6 NEWoMan 4층 新宿区新宿 4-1-6 NEWoMan 4階
opened 2016 **operation** THINK GREEN PRODUCE
design; interior 자모 어소시에이트
homepage www.gardenhouse-shinjuku.jp

1 가게 입구에서는 레스토랑에서 쓰는 식기와 식재, 일상생활을 장식하는 소품 등을 판매하고 있다 **2** 내부의 120석 외에 신주쿠에서는 보기 드문 테라스석도 40석 있다 **3** 터미널 역과 직결되는 점을 고려하여 몇 번을 들러도 질리지 않는 디자인을 선택했다. 또 단체로 이용할 수 있도록 유연하게 자리 조정이 가능하도록 하였다

가마쿠라에 있는 레스토랑의 2호점으로, 제철재료를 살린 요리와 크래프트 맥주를 즐길 수 있다. 신주쿠역 신미나미 출구와 바로 이어진 복합시설 '뉴우먼NEWoMan' 안에 있어 폭넓은 고객층에 대비하여 디자인이 너무 튀지 않도록 하였다. 넓은 가게 안은 구획을 나누지 않았고, 테이블과 의자가 전부 같은 크기이다. 이런 단순한 공간을 테이블 윗면의 색깔로 변화를 주었다. '아침 정원'의 이미지에서 이끌어낸 하늘색과 옅은 갈색 등 톤 다운된 세 가지 색을 사용했다.

□ Landmark   □ Plaza·Atrium   □ Anchor   ■ Eat·Drink   □ Appreciate   □ Stay

SALON BUTCHER&BEER

address 시부야구 센다가야 5-24-55 NEWoMan 2층 渋谷区千駄ヶ谷 5-24-55 NEWoMan 2階
opened 2016 operation 준
planning&produce 유니테
design; interior 구보타 건축도시연구소

1, 2, 3 식당가 전체의 분위기를 조성하는 일명 '요충지'의 자리에 있다. 통로에 둘러싸여 있기 때문에 카운터를 설치하여 바쁜 손님을 맞이하면서도 동시에 느긋하게 식사하고 싶은 이용객에게도 대처할 수 있는 공간을 만들었다

JR신주쿠역의 바깥 시설로 뉴우먼NEWoMan 2층에 오픈한 식당가의 중앙에서 영업하고 있다. 유리박스 주방을 만들고 집기와 조명을 매달아 홀 내에서의 상징물로 삼았고, 카운터 이외의 자리에서도 일체감이 느껴지도록 테이블과 의자 높이를 맞췄다. 주위를 네 개의 테이크아웃·음식점이 둘러싸고 있다. 여행객이나 직장인이 오가는 터미널 역의 분주한 분위기를 느끼며 프랑스 바스크 지방의 전통요리와 맥주를 즐길 수 있다.

4, 5 조리하는 모습, 술을 준비하는 모습 등을 가까이서 볼 수 있는 현장감과 활기찬 연출을 홀 중앙부분에 압축시켰다. 타일을 바른 낮은 벽면은 같은 회사가 운영하는 뉴우먼 3층의 '살롱 베이크&티SALON BAKE&TEA'와 공통된 디자인이다

1 입구 부분. 시설 전체를 '도쿄 가이드북'이라 정의하며, 외국인 여행자가 편안히 머물도록 디자인하였다 **2** 숙박객 전용 라운지 '커먼 스페이스'

☐ Landmark　☐ Plaza·Atrium　☐ Anchor　■ Eat·Drink　☐ Appreciate　■ Stay

IMANO TOKYO HOSTEL

address 신주쿠구 신주쿠 5-12-2 新宿区新宿 5-12-2
opened 2015 operation AB아코모
design; interior 코플러스
homepage imano.jp/shinjuku

협동조합주택의 사업 개발과 설계를 해오며 운영 노하우를 쌓은 코플러스가 외국인 전용 호스텔을 만들었다. 이마노 도쿄 호스텔은 그 제1호점. 신주쿠 하나조노 신사 근처이며, 지상 5층짜리 빌딩을 리노베이션하여 쓰고 있다. 숙박객의 커뮤니케이션과 간단한 작업용으로 2~4층의 객실 앞에 각각 공용 공간을 만들었다. 공용 공간을 한 층에 모으지 않은 것은 공간을 공유하는 사업에 종사해온 코플러스의 경험에서 우러난 해법이다. 1층 카페는 누구나 이용할 수 있으며 신주쿠 거리 속에서 다양한 문화가 서로 만나는 장소를 목표로 한다.

3 1층 카페&바는 서서 마시는 선술집 스타일을 연출 **4, 5, 6** 도미토리 타입, POD 타입, 다다미가 깔린 개인실 등 침상은 총 134개. 내진과 피난을 고려했을 때 숙박용으로 리노베이션이 가능했던 옛 빌딩은 희소한 존재이다. 다른 지역에 오픈할 2호점은 신축으로 검토하고 있다

■ Landmark   ■ Plaza·Atrium   □ Anchor   ■ Eat·Drink   ■ Appreciate   ■ Stay

신주쿠 토호빌딩 新宿東宝ビル

address 신주쿠구 가부키초 1-19-1 新宿区歌舞伎町 1-19-1
opened 2015 operation 토호
design: architecture 다케나카 공무점
homepage www.toho.co.jp/shinjukutoho

신주쿠 가부키초의 재생에 힘쓰고 있는 지역의 기대를 업고 신주쿠 코마 극장, 신주쿠 토호 회관 자리에 오픈한 신주쿠 토호 빌딩. 지상 30층 건물에 12개의 스크린을 지닌 멀티플렉스 영화관, 후지타 관광이 운영하는 객실 970개의 '호텔 그레이서리' 그리고 음식점 등이 입점해 있다. 거리에 사람들이 유입되도록 건물의 세 방향을 크게 개방하여 빠져나갈 통로를 만들어 이동성을 높였다. 또한 거리 조성의 자금을 얻기 위해 벽면을 '공익성이 높은 광고'에 사용할 수 있는지에 대해 신주쿠구와 협의하고 있다.

1 신주쿠역 옆의 '센트럴 로드'는 가부키초 전역을 대상으로 하는 거리 디자인 가이드라인을 정한 신주쿠구가 그 1단계로 전면 리모델링한 것. 바로 정면에 호텔로 들어가는 고층 타워가 우뚝 서 있다. 2단계로 건물 서쪽의 시네시티 광장을 보행자 전용으로 정비했다 2 병풍 형태로 접힌 외관 디자인은 코마 극장의 역사성을 계승하고 극장의 막을 모티브로 한 것. 건물 위로 보이는 토호 캐릭터 '고질라'는 옥외광고물로, 발톱이 가로등 역할을 한다 3 1층에는 폭 5~6m의 반 옥외 통로가 나 있다 4 고질라는 광고탑으로서 중요한 역할을 한다. 호텔 라운지가 있는 8층 테라스에는 고질라 머리가 자리 잡고 있다. 최신판 고질라의 머리를 재현한 것이지만 높이는 초대 고질라의 신장과 거의 같은 지상 50m 높이에 설치했다 5 30층에 1실만 있는 '고질라 룸'. 넓이 32㎡의 트윈 타입

- Tas Yard P164
- BE A GOOD NEIGHBOR COFFEE KIOSK P166
- CASCADE HARAJUKU P136
- 도큐 플라자 오모테산도 하라주쿠 P138
- TAKEO KIKUCHI 시부야 메이지도리 본점 P150
- THE ROASTERY P152
- SMOKEHOUSE P152
- Ao P150
- SILKREAM P166
- Glorious Chain Cafe / DIESEL SHIBUYA P154
- CICADA
- CITY SHOP P146
- WIRED TOKYO 1999 (SHELF67) P160
- 아쓰코바루 P167
- THE THEATRE TABLE P156
- cafe 1886 at Bosch P158
- FabCafe Tokyo P162

메이지 신궁 / 明治神宮
하라주쿠역 / 原宿駅
요요기 공원 / 代々木公園
도고 신사 / 東郷神社
라포레하라주쿠 / ラフォーレ原宿
메이지진구마에역 / 明治神宮前駅
국립요요기경기장 / 国立代々木競技場
오모테산도힐즈 / 表参道ヒルズ
시부야구 / 渋谷区
NHK 방송센터 / NHK放送センター
오크 오모테산도 / オーク表参道
유엔대학 / 国連大学
도큐핸즈 / 東急ハンズ
시부야 모디 / 渋谷モディ
시부야구청 / 渋谷区役所
아오야마가쿠인대학 / 青山学院大学
도큐 東急
세이부 / 西武
SHIBUYA109 / 東急田園都市線
시부야 마크시티 / 渋谷マークシティ
시부야역 / 渋谷駅
시부야 히카리에 / 渋谷ヒカリエ
시부야역 / 渋谷駅
게이오이노가시라선 / 京王井の頭線
다마가와도리 玉川通り
도큐도요코선 / 東急東横線
짓센여자대학 / 実践女子大学
고쿠가쿠인대학 / 國學院大學

서부·도심 WEST URBAN

이 책에서는 도쿄를 7개의 구역으로 나누어 순서대로 안내하고 있습니다.
각각 아래와 같은 색깔로 표시하였습니다.

- WEST URBAN 서부·도심
- WEST HILLSIDE 서부·근교

※ 도쿄 전도는 P014를 참조해주세요.

● connel coffee P122

아카사카 서커스·
赤坂サカス

·TBS

도요카와 사당
豊川稲荷

가이엔마에역
外苑前駅

● CITRON Aoyama P140

아오야마 묘원
青山霊園

노기자카역
乃木坂駅

21_21 DESIGN SIGHT P126

● 도쿄 미드타운 P126

● Sunny Hills at Minami-Aoyama P142

도쿄메트로지요다선 東京メトロ千代田線

● 국립신미술관 P127

INTERSECT BY LEXUS - TOKYO P144

미나토구
港区

롯폰기역
六本木駅

● 네즈 미술관 P148

·U 아오야마 / 스노우 피크 글램핑 P151

호텔&레지던스
롯폰기 P125

● 롯폰기 힐즈 P127

테레비아사히
テレビ朝日

롯폰기도리 六本木通り
호시부야선 首都高速3号渋谷線

도쿄메트로휴비야선 東京メトロ日比谷線

0m   400m

1:13,000

서부 근교

다이칸야마, 나카메구로, 지유가오카. 도심에서 서쪽으로 사철을 따라 이어지는 지대에 차분한 주택가의 분위기와 어울리는 곳이 많이 생겨나고 있다. 이러한 환경에 새롭게 주류로 떠오른 것은 일반 주택의 크기에 생활과 밀착된 라이프 스타일을 제안하는 공간들. 주요 터미널에서 벗어난 곳에 생각지도 못한 '전설'이 탄생하는 경우도 있다. 이 책에는 수록하지 않았으나 JR주오선의 연선을 따라가면 또 다른 세계관을 지닌 장소와 만날 수 있다.

1 2층 라운지 '안진Anjin'. 호텔급 서비스를 제공하며 이벤트 공간도 있다

■ Landmark　■ Plaza·Atrium　□ Anchor　■ Eat·Drink　■ Appreciate　□ Stay

다이칸야마 츠타야 서점 代官山蔦屋書店

address 시부야구 사루가쿠초 17-5 渋谷区猿楽町 17-5
opened 2011 operation 컬처 컨비니언스 클럽
creative direction 이케가이 도모코
design; architecture 클라인 다이섬 아키텍처, 알아이에이
homepage real.tsite.jp/daikanyama

다이칸야마 주택가에 위치한 서점, 음악과 영상의 대여 및 판매점, 카페와 바 라운지를 합친 상업시설이다. 집에 있는 듯한 편안함을 디자인과 서비스에서 추구하며, 책을 시작으로 콘텐츠를 단순히 소비만이 아니라 체험과 함께 얻을 수 있는 환경을 만들고 있다. 주택 정도의 크기로 느껴지도록 전체를 세 개의 동으로 나누었다. 책 등을 찾는 동안 시퀀스에 변화를 주어 옥외 환경과 식물을 마주할 기회를 늘렸다. 다이칸야마 츠타야 서점을 중심으로 '다이칸야마 T-SITE'라고 부르며, 생활 방식을 제안하는 스타일의 가게가 늘어선 하나의 시설로 운영하고 있다.

2 구 야마테도리에 면하며, 세 동이 비스듬히 늘어서 있다 3, 4 건물과 건물 사이의 벽은 유리로 만들어 건물이 안팎으로 연결되고 널찍해 보이도록 했다. 한쪽에는 '스타벅스'가 영업하고 있으며, 구매한 음료는 매장 안 어디든지 들고 갈 수 있다
5 '매거진 스트리트'라 부르는 1층 잡지 코너는 세 동을 잇는 메인 동선

☐ Landmark   ☐ Plaza·Atrium   ■ Anchor   ■ Eat·Drink   ☐ Appreciate   ☐ Stay

WEEKEND GARAGE TOKYO

address 시부야구 다이칸야마초 1-1 그라바 다이칸야마 지하 1층 渋谷区代官山町 1-1 grava 代官山 地下1階 **opened** 2013
planning&produce&operation 더블유즈 컴퍼니
design; interior 구보타 건축도시연구소
homepage weekendgaragetokyo.jp

'매일이 주말'이라는 콘셉트의 카페&다이닝. 다이칸야마 내에서도 시부야와 에비스의 중간쯤에 위치해 있다. 일련의 카페를 통해 거리에 어필해온 더블유즈 컴퍼니가 운영한다. 천장 높이 5m의 공간에 어른이 좋아할 만한 다양한 요소를 가득 담아 커뮤니티 만들기에 반영하고 있다.

☐ Landmark   ☐ Plaza·Atrium   ☐ Anchor   ■ Eat·Drink   ☐ Appreciate   ☐ Stay

Bird 다이칸야마 Bird 代官山

address 시부야구 다이칸야마초 9-10 SodaCCo 2층 渋谷区代官山町 9-10 SodaCCo 2 階
opened 2015
design; interior&operation 스즈키 가즈후미
homepage bird-daikanyama.com

인테리어 디자이너 스즈키 가즈후미 씨가 '스탠드STAND'에 이어 직접 경영하는 카페. 아이, 놀이, 성장을 테마로 리노베이션한 '소닷코 SodaCCo' 건물 2층에 있다. 소닷코의 테마에 맞춰 메뉴와 식재료, 다루는 책과 소품 등은 신뢰하는 동료와 협동하여 검토하고 있다.

1 약 3,200㎡의 부지에 크래프트 맥주의 소형 양조장을 병설한 올데이 다이닝 '스프링 밸리 브루어리 도쿄SPRING VALLEY BREWERY TOKYO' 외에 미국 서해안 브랜드의 판매장과 카페도 자리 잡았다 2 시부야 쪽의 끝에 위치한 '가든 하우스 크래프츠 GARDEN HOUSE CRAFTS'

□ Landmark   ■ Plaza·Atrium   □ Anchor   ■ Eat·Drink   □ Appreciate   □ Stay

로그 로드 다이칸야마 ログロード代官山

address 시부야구 다이칸야마초 13-1
渋谷区代官山町 13-1
opened 2015 produce 시바타 요코 사무소
planning GENERAL DESIGN
;interior DAISHIZEN / SOLSO
homepage www.logroad-daikanyama.jp

도큐도요코선 다이칸야마역과 시부야역 사이의 지하화로 생겨난 선로 자리를 이용하여 도쿄급행전철이 상업시설을 만들었다. 전체 길이 220m의 좁고 긴 부지에 산책로를 만들고, 그 옆에 오두막 느낌의 가게를 다섯 동 배치했다. 곳곳에는 식물도 심었다. 선로로 나뉘어 있던 양쪽 지역을 잇는 역할도 한다.

1 테이크아웃용 카운터. 낮은 벽에는 응회석을 발랐다

☐ Landmark ☐ Plaza·Atrium ☐ Anchor ■ Eat·Drink ☐ Appreciate ☐ Stay

ONIBUS COFFEE 나카메구로
ONIBUS COFFEE 中目黒

address 메구로구 가미메구로 2-14-1 目黒区上目黒 2-14-1
opened 2013 operation ONIBUS
design; architecture 스즈키 가즈후미
homepage www.onibuscoffee.com

'커피로 사람과 사람을 잇는다'는 생각에서 2012년 세타가야구 오쿠사와의 1호점에서 시작된 인기 커피숍의 2호점. 나카메구로역의 서쪽, 도보 1분 거리에 남겨진 오래된 민가 자리를 리노베이션하여 쓰고 있다. 행인이 적은 골목에 면해 있지만 건물 옆으로 도큐도요코선의 고가선, 근처에는 공원이 있으며, 그 특유의 지형과 분위기를 2층 테이블석에서 느낄 수 있다. 공간 디자인은 2014년 시부야에 개업한 오니버스ONIBUS의 커피 스탠드 '어바웃 라이프 커피 브루어즈ABOUT LIFE COFFEE BREWERS'에 이어 스즈키 가즈후미 씨가 담당했다. 목조 연립의 분위기를 살려 일본 전통 요소를 어떻게 담을지를 테마로 삼고 있다.

2 1층 내벽에는 도코나메 도자기의 전통을 발전시키기 위해 활동하는 브랜드 '도코나메TOKONAME'의 타일을 붙였다 **3** 1층 옆의 야외석 **4, 5** 좁은 골목 끝에 공원(어린이 놀이터)이 있고, 그 앞에 위치한다. 1층을 테이크아웃용 카운터와 야외석, 로스터리, 2층을 테이블석으로 나누어 쓴다

1 요리 스타일별로 세 종류의 코스가 있다. 그 외에 단품요리와 요일 메뉴도 있다 **2** 입구 왼쪽에는 아침 8시부터 영업하는 '더 워커스 커피/바The Workers coffee/bar'가 있다

☐ Landmark   ☐ Plaza·Atrium   ☐ Anchor   ■ Eat·Drink   ☐ Appreciate   ☐ Stay

Stall Restaurant For Catering and Gathering

address 메구로구 아오바다이 3-18-3 THE WORKS 1층 目黒区青葉台 3-18-3 THE WORKS 1階
opened 2014 produce&operation 트랜지트 제너럴오피스
design; interior 라인
homepage theworks.tokyo/first-floor

'더 워크스THE WORKS'는 트랜지트 그룹이 레스토랑, 커피 바, 커뮤니티 라운지, 셰어 오피스용으로 만든 커뮤니티 공간이다. 이 공간의 1층에 위치한 스톨 레스토랑은 트랜지트 그룹의 케이터링 전문회사 트랜지트 크루가 맡아서 운영한다. 달마다 테마에 따라 그날 들여온 식재료에 맞춰 메뉴를 바꾸고 있다. 메구로강을 따라 세워진 건물은 지은 지 45년 된 창고 겸 사무실을 리노베이션한 것. 레스토랑의 인테리어를 맡은 가쓰타 다카오 씨는 다른 층의 인테리어와 옥외 장식도 디자인하였다.

3 원래 창고였던 곳이라 천장이 높아 개방된 느낌이다. 건물의 오래된 창고 분위기를 살리면서 리노베이션하였다. 레스토랑은 밝게 빛이 드는 한낮과 조명이 빛나는 밤의 분위기가 사뭇 다르다 **4** 창가 자리에서는 메구로 강가의 풍경을 즐길 수 있다. 편안히 앉을 수 있는 소파도 있다

1, 2 외관에 간판은 내걸지 않았다. 바우어리 키친의 팬이 기대와 관심을 갖고 지켜보는 가운데 2년의 작업 기간을 거쳐 만들어진 장소다

☐ Landmark ☐ Plaza·Atrium ☐ Anchor ■ Eat·Drink ☐ Appreciate ☐ Stay

PRETTY THINGS

address 세타가야구 고마자와 5-19-10 世田谷区駒沢 5-19-10
opened 2014
operation Table Modern Service
produce heads
design; interior Kata

1997년 오픈한 세타가야구 고마자와의 '바우어리 키친 Bowery Kitchen', 2000년 오픈한 시부야구 진구마에의 '로투스 Lotus' 같은 음식점을 협동하여 운영해온 프로듀서 야마모토 우이치 씨(head)와 디자이너 고 가타미 이치로 씨(Kata)가 원점으로 돌아가 가게를 만들고 싶다는 마음에서 바우어리 키친이 있는 고마자와 공원의 길을 따라 완성시킨 커피숍. 직접 수작업으로 리모델링하여 개업까지 2년이 걸렸다. 이름난 수많은 가게의 경영에 관여한 야마모토 씨의 개인적인 색채가 강하게 드러난 곳이다.

3 통로 쪽 자리와 야외 카운터 자리는 유리창 하나를 사이에 두고 가까이 붙어 있어 뜻밖의 소통이 이루어지는 장소가 되었다. 가게 내부에는 작은 의자와 테이블을 늘어놓았다 **4** 야마모토 씨와 가타미 씨는 서로 상담하여 앤티크 카운터를 구입하고, 마음에 드는 타일을 사 모아 현장에서 직접 배치를 해보며 내부를 장식해 나갔다. 로투스에서 쓰던 로스팅 기계를 건물 안으로 가져왔다

☐ Landmark   ☐ Plaza·Atrium   ■ Anchor   ■ Eat·Drink   ☐ Appreciate   ☐ Stay

Bowery Kitchen

address 세타가야구 고마자와 5-18-7 世田谷区駒沢 5-18-7
opened 1997 **operation** Table Modern Service
produce heads
design; interior 카타미 플래닝 서비스(현 Kata)

1 도큐덴엔토시선 고마자와다이가쿠역에서 도보 15분. 원하는 시간에 언제나 식사가 가능한 곳이 있었으면 하는 야마모토 우이치 씨의 바람에서 시작되었다. 매일 아침 9시부터 새벽 4시까지 영업

2, 3, 4, 5 모노톤의 배색과 스테인리스 소재를 기조로 한 가게 내부. 고마자와코엔도리 쪽으로 야외의 느낌에 가까운 편안한 자리가 있다. 주방 옆을 지나 가게 안쪽으로 들어가면 더욱 차분한 분위기

좋아하는 뉴욕의 다이너와 비슷한 가게를 도쿄에 열고 싶다는 생각에서 시작된 바우어리 키친 Bowery Kitchen. 프로듀서인 야마모토 우이치 씨의 이런 생각에 가타미 이치로 씨의 디자인이 더해져 일본의 '카페 문화'를 이끄는 중요한 역할을 맡게 된 가게이다. 전부터 존재감이 뚜렷했던 기둥이 눈에 띄도록 오픈 키친을 중앙에 두고, 이것을 사이에 두고 통로와 가게 안쪽으로 분위기가 서로 다른 자리를 마련했다. 또 서비스와 운영에 대해 고심한 끝에 식기와 조리도구 설거지하는 곳을 손님이 있는 홀 쪽으로 배치하는, 당시로서는 아직 드물었던 방식을 취했다. 오픈 때부터 거의 변함없는 모습으로, 일상생활에서 편히 이용할 수 있는 식당으로 단골손님을 모으고 있다.

□ Landmark □ Plaza·Atrium □ Anchor ■ Eat·Drink □ Appreciate □ Stay

also Soup Stock Tokyo

address 메구로구 지유가오카 1-26-13 POOL 目黒区自由が丘 1-26-13 POOL
opened 2016 **operation** 수프 스톡 도쿄
design; architecture 나가야마 유코 건축설계
homepage also.soup-stock-tokyo.com

1 2층 바로 아래는 주방. 1층부터 옥상 테라스까지 층마다 서로 다른 분위기로 구성되어 있다. 2층에는 알전구로 포인트를 주었다 2 통로부터 각 층, 옥상 테라스까지 트여 있어 하나로 이어진다. 2층 안쪽의 회색 벽은 특수 도장을 칠한 것 3 1층 창호를 개방하면 거리와 하나로 이어지는 느낌 4 옥상 테라스에는 식물을 두었고 밤에는 랜턴을 켠다

일본 전국에 약 70개의 지점을 지닌 수프 전문점 수프 스톡 도쿄가 '휴일의 수프 스톡 도쿄'를 테마로 지유가오카에 오픈했다. 여럿이 나누어 먹을 수 있는 수프 요리를 중심으로 술과 어울리는 사이드 메뉴도 갖추었다. 2층 높이로 트인 공간에 계단 형태로 쌓은 건물은 벽면이 유리창으로 되어 있어 낮이면 가게 안으로 햇빛이 가득 들어온다. 반면 거리에서는 가게의 2층 안까지 들여다볼 수 있어 손님이 식사를 즐기는 풍경이 하나의 '그림'이 된다. 옥상 테라스를 포함하여 밤에는 층마다 다른 조명을 써서 낮과는 다른 분위기를 맛볼 수 있다.

□ Landmark ■ Plaza·Atrium □ Anchor ■ Eat·Drink ■ Appreciate □ Stay

후타코타마가와 츠타야 가전
二子玉川 蔦屋家電

address 세타가야구 다마가와 1-14-1 후타코타마가와 라이즈 S.C. 테라스마켓 世田谷区玉川 1-14-1 二子玉川ライズ S.C. テラスマーケット
opened 2015 operation 컬쳐 컨비니언스 클럽
design; interior 아이케이지(ikg) homepage http://real.tsite.jp/futakotamagawa/

1 에스컬레이터 주변으로 공간이 크게 트여 있다. 기능성이 뛰어난 첨단 가전제품과 수작업으로 완성한 미술품이 가게 곳곳에 있어 대조적인 모습을 보여준다 2, 3 2층에는 동선의 중심이 되는 130m의 U자형 '북 스트리트'가 있다. 이곳을 중심으로 하여 사방으로 각 코너가 펼쳐진다

대규모 재개발로 상업시설과 맨션 단지가 탄생한 후타코타마가와역 앞 일대. 두 층에 7,100㎡가 넘는 면적을 지닌 후타코타마가와 츠타야 가전은 그 일대에서도 중심적인 역할을 하는 곳이다. 오래 머물 수 있는 편안함을 무기로, 방문한 고객이 새로운 라이프 스타일을 떠올리게 하는 것이 전체적인 콘셉트. 서점 공간과 더불어 다양한 종류의 상품을 판매하는 매장이 하나가 되어 다채로운 분위기를 만끽할 수 있다. 마치 여러 거리를 거니는 듯한 느낌으로, 곳곳에 소파와 벤치, 화분, 미술품 등을 배치하여 공간을 만들어냈다.

4 소파에 앉아 많은 식물 속에서 쉴 수 있는 2층의 라운지 같은 공간. 조명은 여덟 종류로 설정할 수 있는데, 그중에는 구름의 흐름을 본뜬 것도 있다

5 서가에 따라 층을 구분하였다. 각 서가에는 가전 등의 상품과 그와 관련된 테마의 책을 함께 진열했다. 같은 계열의 '츠타야 서점'에서 시험하고 있는 공간 구성이다

■ Landmark   ■ Plaza·Atrium   □ Anchor   ■ Eat·Drink   ■ Appreciate   □ Stay

후타코타마가와 라이즈 二子玉川ライズ

address 세타가야구 다마가와 1-14-1 世田谷区玉川 1-14-1
opened 2010(제1기)·2015(제2기) **operation** 도쿄급행전철
design; architecture 알아이에이 · 도큐설계 컨설턴트 · 니혼설계(제1기)
;direction 콘란&파트너즈 **;architecture** 닛켄설계 · 알아이에이 · 도큐설계 컨설턴트JV(제2기)
homepage www.rise.sc

1 제2기로 완성된 구역. 상업시설과 멀티플렉스 영화관 등이 있는 지상 5층짜리 저층 빌딩, 사무실과 호텔이 있는 지상 30층짜리 고층 빌딩으로 나뉜다 2 개발구역의 서쪽 끝에 있는 역 주변부터 동쪽 끝에 있는 후타코타마가와 공원과 다마강까지 연결된 보행로 '리본 스트리트'

도큐덴엔토시선 후타코타마가와역의 동쪽에 있는 약 11.2ha의 대지에 33년의 세월에 걸쳐 재개발 사업을 진행하였다. 제1기로 공원 쪽의 주택가와 역 부근의 상업구역, 제2기로 사무실과 호텔, 영화관 등이 들어선 복합시설을 정비하였다. 특히 제2기에서는 녹음과 물가가 풍요로운 지역의 특성을 살려 일대 지형과 생태계의 특성을 계획과 디자인에 반영했다. 2층에는 약 1,000㎡의 옥상광장, 3~5층에는 옥상정원 등을 설치하였고 곳곳에 식물을 배치하였다.

3, 4 제2기에서는 옥상 전면에 '물과 풀밭의 공개 공터'를 확보했다. 랜드스케이프 플러스가 디자인을 담당했으며, 주위 경관과의 조화를 이루게 하면서 동시에 다마강의 생태계를 옥상에 재현하였다. 전시공간과 같은 녹지를 돌아다닐 수 있다

5 다마강 맞은편에서 본 모습. 개발 테마는 '도시에서 자연으로'. 다마강 지류 지형의 '대지'와 '지층'의 이미지를 디자인 콘셉트로 내세웠다

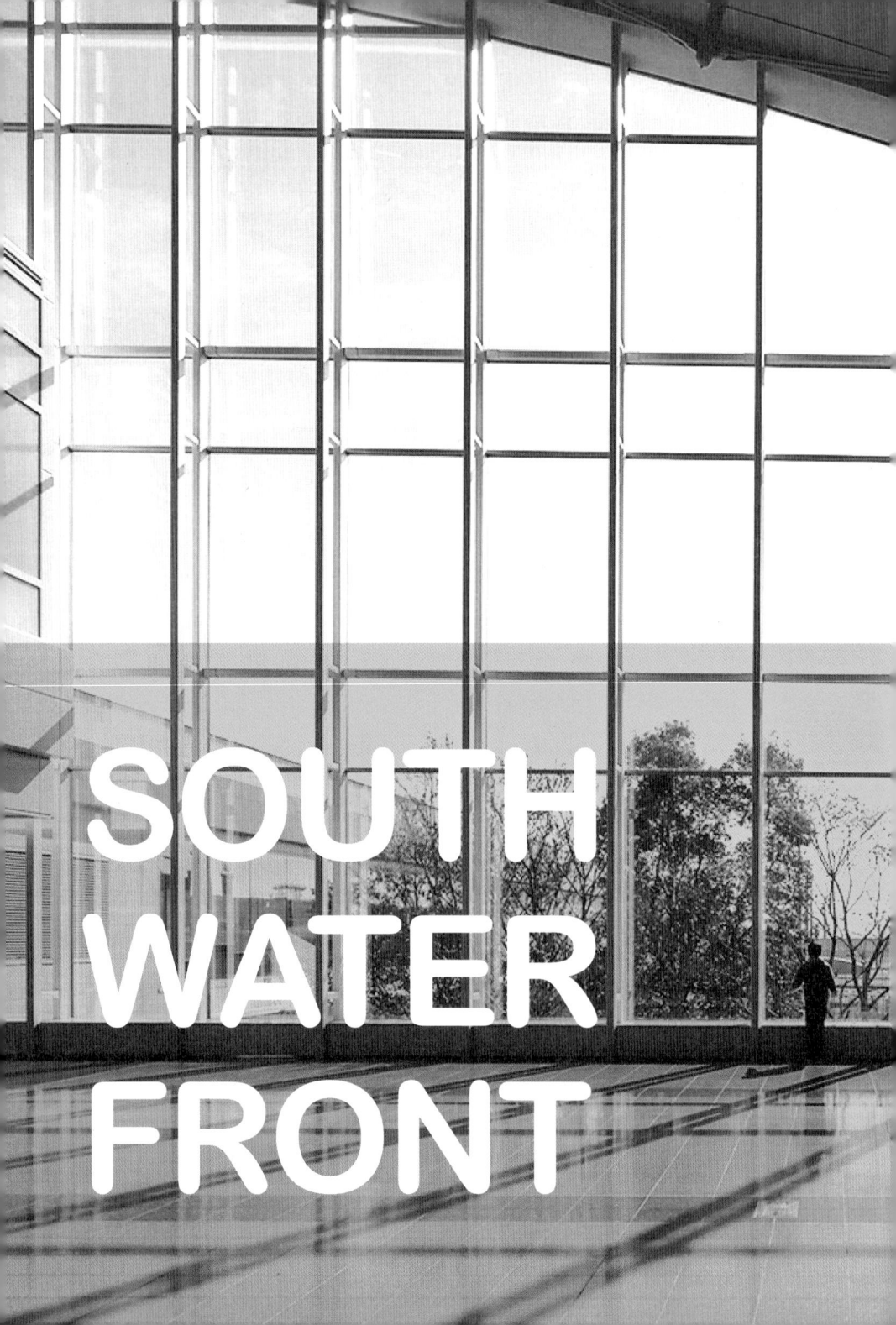

SOUTH WATER FRONT

남부
워터프런트

도쿄의 또 다른 현관문으로 새롭게 존재감을 과시하고 있는 하네다 공항. 공항과 도심 사이에는 앞으로 눈에 띄는 공간이 생길 가능성이 있다. 도쿄의 중심이 시나가와가 위치한 남쪽으로 이동하려는 움직임이 있어, 앞으로 그에 맞춰 도쿄 남부의 강가 혹은 도쿄만 연안에 새로운 문화가 탄생할 것이 분명하다. 또 도쿄 올림픽을 계기로 도쿄만 연안에 생길 시설과 인프라가 많기 때문에 그 뒤를 따르는 움직임이 이어질 것이다.

1 2층 출발 로비와 3층 식당가가 내려다보인다 **2** 다양한 디자이너의 의자가 공간을 다채롭게 한다

■ Landmark　■ Plaza·Atrium　□ Anchor　■ Eat·Drink　□ Appreciate　□ Stay

도쿄국제(하네다)공항 제2여객 터미널빌딩
東京国際(羽田)空港第2旅客ターミナルビル

address 오타구 하네다쿠코 3-4-2 大田区羽田空港 3-4-2
opened 2010
design; direction NAP건축설계사무소(환경연출구역 디자인 감수), NTT퍼실리티
homepage www.haneda-airport.jp

출발 로비 위층에 있는 식당가는 푸드코트처럼 모든 점포가 테이크아웃 형식이다. 탁 트인 공간에 공용으로 이용 가능한 의자가 마련되어 있다. 디자인이 다른 의자가 약 250개 정도 배치되어 있어, 여행객은 마음에 드는 의자를 골라 앉으면 된다. 그곳에 앉아 앞으로 날아오를 하늘을 올려다보거나 사람들이 오가는 출발 로비의 모습을 바라볼 수 있다. 이 공간은 누구나 이용할 수 있어 따로 음식을 구매하지 않고 앉아 있기만 해도 된다.

3 식사를 할 것인지, 쉴 것인지, 일을 할 것인지. 또 혼자인지, 여럿인지. 용도나 인원수에 따라 이용객이 고를 의자가 달라진다 **4** 출발 로비에 놓인 평상과 같은 소파는 앉는 것은 물론이고 짐을 올려두거나, 누워 있는 것도 가능. 작은 단차는 등을 기대거나 팔을 걸쳐도 되고, 의자 이용객 사이를 구분해주는 역할도 한다

■ Landmark □ Plaza·Atrium □ Anchor ■ Eat·Drink □ Appreciate □ Stay

T. Y. HARBOR

address 시나가와구 히가시시나가와 2-1-3 品川区東品川 2-1-3
opened 2012 **operation** 타이슨즈 앤드 컴퍼니
design; interior KROW
homepage www.tysons.jp/tyharbor

1 총 350석이 있다. 리모델링 설계를 담당한 KROW의 나가사키 겐이치 씨는 처음 인테리어를 맡은 카사포 앤드 어소시에이트에 2008년까지 재적하였고, 2005년의 리모델링도 담당했다. 이번에는 창고 느낌을 더욱 강조하는 디자인으로 구상했다 **2** 야경. 앞쪽에는 도쿄도의 '운하 르네상스 계획' 제1호로 실현된 수상 라운지가 있다 **3** 웨이팅 바

히가시시나가와의 바다 근처, 덴노즈아이루 운하를 따라 세워진 맥주 양조장을 갖춘 브루어리 레스토랑. 1997년부터 써온 창고 자리의 가게를 2015년에 전면 리모델링하여 운하 쪽의 벽 일부를 철거해 건물 내부와 야외 테라스에 일체감을 주었다. 가게 안 대부분의 자리에서 운하의 경치를 즐길 수 있다. 그와 함께 내부를 둘러볼 수 있는 2층 자리도 신설하였다. 이 레스토랑이 위치한 창고 거리, 일명 본드 스트리트에서는 지역이 하나가 되어 강변 라이프 스타일 만들기가 진행 중이며 그 견인차 역할을 하고 있다.

☐ Landmark   ☐ Plaza·Atrium   ■ Anchor   ■ Eat·Drink   ☐ Appreciate   ☐ Stay

TABLOID

address 미나토구 가이간 2-6-24 港区海岸2-6-24
opened 2010 **operation** 리비타 リビタ
design; interior 오픈 에이, 시 디자인(이상 기본), 기타노 건설(실시)
homepage www.tabloid-tcd.com

1 창고 거리를 젊은 예술가가 모이는 거리로 탈바꿈시킨 미국 뉴욕의 소호 지구를 참고했다. 재건축하는 방안도 있었으나 사무실 등으로 용도를 변경하여 쓰고 있다. 입구 앞에는 이벤트 시 사용할 수 있는 데크도 설치했다 **2** 입구 옆에 다국적 요리를 즐길 수 있는 카페 '배빗 라운지Babbitt Lounge'가 있다. 입주자 서비스와 이벤트 시 음식 제공의 역할을 맡고 있다 **3** 4층 높이로 트인 스튜디오

유리카모메 히노데역 바로 앞에 있다. 타블로이드 신문의 인쇄공장이었던 건물을 리노베이션한 복합시설이다. 윤전기를 두는 곳이었던 4층 높이로 뚫린 넓은 공간은 한쪽이 폭 10m, 길이 30m, 천장 높이는 15m에 가깝다. 그 쓰임새가 과제였으나, 젊은 예술가를 대상으로 한 이벤트 장소로 활용하거나 창작 관련 기업에게 사무실을 임대하는 등 다양한 방안으로 활용 중이다. 도쿄만 연안 구역의 잠재력을 개발할 수 있다고 기대하며 운영을 계속하고 있다.

index

21_21 DESIGN SIGHT	126
2k540 AKI-OKA ARTISAN	100
3331 Arts Chiyoda	102

A
Agnès B Rue du Jour	090
also Soup Stock Tokyo	198
Ao	150
Ashi Teishoku&Diner	046

B
BE A GOOD NEIGHBOR COFFEE KIOSK	166
Bird 다이칸야마	188
BISTRO CAFE LADIES&GENTLEMEN	170
BOOK AND BED TOKYO	036
Bowery Kitchen	196
BUNKA HOSTEL TOKYO	044

C
cafe 1886 at Bosch	158
cafe&bar totoru	028
CASCADE HARAJUKU	136
Cawaii Bread&Coffee	106
CICADA	153
CITRON Aoyama	140
CITYSHOP	146
connel coffee	122
COREDO 니혼바시 아넥스 광장	098

D
DIESEL SHIBUYA	155

F
FabCafe Tokyo	162
fukadaso cafe	064

G
GARDEN HOUSE Shinjuku	174
gift_lab GARAGE Lounge&Exhibit	060
GINZA KABUKIZA	094
Glorious Chain Café	154

H
HAGISO	018
hanare	020
HENRY GOOD SEVEN	073

I
I·K·U 아오야마	151
IMANO TOKYO HOSTEL	178
INTERSECT BY LEXUS-TOKYO	144
IRORI HOSTEL and KITCHEN	058
IRVING PLACE	130

J
JP타워	076

K
KITTE	076

L

la kagu	114
LA SORE SEED FOOD RELATION RESTAURANT	054

M

METoA Ginza	086

N

NEWoMan	172
No.4	124

O

ONIBUS COFFEE 나카메구로	190

P

Pirouette	124
PRETTY THINGS	194

R

RISE&WIN Brewing Co. KAMIKATZ TAPROOM	128
Riverside Cafe Cielo y Rio	048

S

SALON BUTCHER&BEER	176
SHISEIDO THE GINZA	092
SILKREAM	166
SMOKEHOUSE	152
SO TIRED	072
Stall Restaurant For Catering and Gathering	192
STAND T	072
Sunny Hills at Minami-Aoyama	142

T

T. Y. HARBOR	208
TABLOID	210
TAKEO KIKUCHI 시부야 메이지도리 본점	150
Tas Yard	164
THE APOLLO	088
THE ROASTERY	152
THE TENDER HOUSE	132
THE THEATRE TABLE	156

W

WEEKEND GARAGE TOKYO	188
WIRED TOKYO 1999	160
WISE OWL HOSTELS TOKYO	108

ㄱ

국립신미술관	127

ㄴ

네즈 미술관	148
니혼바시 이치노이치노이치	096

ㄷ

다이칸야마 츠타야 서점	186

index

도덴 테이블 오쓰카	026
도라노몬 힐즈	118
도시마 에코뮤제 타운	032
도쿄 가든테라스 기오이초	116
도쿄 미드타운	126
도쿄 스테이션 시티	070
도쿄국제(하네다)공항 제2여객 터미널빌딩	206
도큐 플라자 긴자	084
도큐 플라자 오모테산도 하라주쿠	138

ㄹ

라이무라이토	073
로그 로드 다이칸야마	189
롯폰기 힐즈	127
료고쿠 테라스	052

ㅁ

마루노우치 파크 빌딩	074
마치 에큐트 간다만세이바시	104
미나미이케부쿠로 공원	030
미쓰비시 이치고칸 미술관	074

ㅂ

블루 보틀 커피 기요스미시라카와 로스터리&카페	062

ㅅ

스노우 피크 글램핑	151
시나토잇페이	038

신주쿠 미라이나 타워	172
신주쿠 토호빌딩	180

ㅇ

아부쿠리	034
아사쿠사 문화관광센터	042
아쓰코바루	167
안다즈 도쿄	120
에코인 염불당	056
오테마치노모리	078
요요기 빌리지 by 쿠르쿠	168
우에노사쿠라기 아타리	024

ㅋ

카야바 커피	022

ㅍ

팩토리&카페 구라마에	050

ㅎ

호시노야 도쿄	080
호텔&레지던스 롯폰기	125
후타코타마가와 라이즈	202
후타코타마가와 츠타야 가전	200
히비야화단 히비야공원점	082

credit

[사진(촬영/제공)]

아사다 요시히로浅田美浩 P084-085, P150 상
Ashi Teishoku&Diner P046-047
아쯔코바루アツコバルー P167
안다즈 도쿄アンダーズ東京 P120-121
오타 다쿠미太田拓実 P140-141, P173, P188 상
오픈 에이オープンエー P210-211
Kata P072 상, P130-131
구마 겐고 건축도시설계사무소
隈研吾建築都市設計事務所 P114-115
고다마 하루키児玉晴希 P160-161
코플러스コプラス P178-179
CONTRAIL P124 하
사와다 세이지澤田聖司 P042-043, P072 하
3331 Arts Chiyoda P102-103
시게타 사토시繁田諭 P151
JR동일본기획JR東日本企画 P071 하
THINK GREEN PRODUCE P189 하
세이부 프로퍼티스西武プロパティーズ
P116 하, P117 하
제톤ゼットン P096-097
타이슨즈 앤드 컴퍼니タイソンズアンドカンパニー
P152 상하, P153
다카야마 고조高山幸三
P073 상, P146-147, P166 상, P174-175
데라오 유카타寺尾豊 P206-207
도쿄 급행 전철東京急行電鉄 P189 상
Tom Ferguson P088-089
트랜지트 제너럴오피스トランジットジェネラルオフィス
P128-129, P144-145, P156-157,
P170-171, P192-193
나카사 앤드 파트너즈ナカサアンドパートナーズ
P044-045, P054-055, P086-087, P132-
133, P136-137, P168-169, P200-201
니시다 가오리西田香織
P018-019, P020-021, P022-023,
P024-025, P026-027, P034-035,
P038-039, P050-051, P058-059,
P060-061, P062-063, P064-065,
P090-091, P106-107, P154-155
닛케이 아키텍처日経アーキテクチュア
P030-031, P126 상, P138 왼쪽
하세가와 겐타長谷川健太 P162-163
발니바비バルニバービ P048-049, P052-053
블루 스튜디오ブルースタジオ P188 하
호소야 요지로細谷陽二郎 P127 하, P158-159
마쓰모토 아키라松本晃 P124 상, P209 하
medicala+cafe&bar totoru P028-029
모리빌딩森ビル P118 왼쪽, P127 상
야규 다카나리柳生貴也 P074-075, P082, P172
야스카와 치아키安川千秋
P070-071, P078-079, P098-099,
P104-105, P116 상, P117 상, P118 오른쪽,
P119, P142-143, P180-181
야노 도시유키矢野紀行 P036-037, P158-159
야마모토 이쿠노리山本育憲
P076-077, P150 상, P186-187
요시다 마코토吉田誠
P032-033, P056-057, P080-081, P094-
095, P100-101, P125, P126 하, P202-203
요시무라 마사야吉村昌也 P208, P209 상
RAIMU RAITO P073 하
랜드스케이프 프로덕트ランドスケーププロダクツ
P164-165, P166 하
WISE OWL HOSTELS TOKYO P108-109
와타나베 가즈토시渡邊和俊
P092-093, P122-123, P138 오른쪽,
P139, P176-177, P190-191, P194-195,
P196-197, P198-199

[지도 제작]

유니온 맵ユニオンマップ
P014-015, P066-067, P110-111 P182-183